Ana Maria Olivo
& Luiz Boschilia

Amor e alma nos negócios

O segredo das Empresas Felizes, Prósperas & Lucrativas

Descubra técnicas utilizadas por líderes conscientes para potencializar a performance da sua equipe.

ALTA BOOKS
GRUPO EDITORIAL
Rio de Janeiro, 2024

Amor e Alma nos Negócios

ISBN: 978-85-508-2291-4

Impresso no Brasil — 1ª Edição, 2024 — Edição revisada conforme o Acordo Ortográfico da Língua Portuguesa de 2009.

Dados Internacionais de Catalogação na Publicação (CIP)
(Câmara Brasileira do Livro, SP, Brasil)

Olivo, Ana Maria
Amor e alma nos negócios : o segredo das empresas felizes, prósperas e lucrativas / Ana Maria Olivo, Luiz Boschilia. -- 1. ed. -- Rio de Janeiro : Alta Books, 2024.

ISBN 978-85-508-2291-4

1. Administração - Aspectos religiosos - Cristianismo 2. Administração de empresas 3. Finanças - Administração 4. Liderança I. Boschilia, Luiz. II. Título.

24-196677 CDD-658

Índices para catálogo sistemático:

1. Administração de empresas 658

Eliane de Freitas Leite - Bibliotecária - CRB 8/8415

Grupo Editorial Alta Books

Produção Editorial: Grupo Editorial Alta Books
Diretor Editorial: Anderson Vieira
Editor da Obra: José Ruggeri
Vendas Governamentais: Cristiane Mutüs
Gerência Comercial: Claudio Lima
Gerência Marketing: Andréa Guatiello

Assistente Editorial: Ana Clara Tambasco
Revisão: Maria Carolina; Hellen Suzuki
Diagramação: Joyce Matos
Capa: Marcelli Ferreira

ALTA BOOKS
GRUPO EDITORIAL

Rua Viúva Cláudio, 291 — Bairro Industrial do Jacaré
CEP: 20.970-031 — Rio de Janeiro (RJ)
Tels.: (21) 3278-8069 / 3278-8419
www.altabooks.com.br — altabooks@altabooks.com.br
Ouvidoria: ouvidoria@altabooks.com.br

Editora **afiliada à:**

ASSOCIADO

AGRADECIMENTOS

A Deus, fonte de toda sabedoria, por nos dar inspiração graças à Bíblia para que pudéssemos extrair dali os ensinamentos preciosos para a construção desta obra. A Jesus, toda honra, toda glória e gratidão por sempre nos dar amor, proteção, provisão e consolo em todos os momentos da nossa jornada.

Aos nossos pais: João Olivo (*in memoriam*), Maria Danielski da Silva, Egydio Boschilia (*in memoriam*) e Irma Ana Gradela Boschilia (*in memoriam*), que foram empreendedores natos. Deram-nos exemplo de coragem, força de vontade, disposição e persistência para o enfrentamento das duras realidades que tiveram que enfrentar na vida. Agradecemos pelos valores de honestidade, justiça, lealdade e respeito às pessoas. Eles se doaram e abriram caminho para nos dar condições e oportunidades de chegar aonde estamos.

Somos gratos a Deus por nos presentear com pessoas muito especiais, Mariane (filha da Ana), Bruno e Nilo (filhos do Luiz), Mônica e Kaline (noras), que se juntaram a nós nessa caminhada de crescimento e transformação, unindo todos para formar uma grande família.

Também não poderíamos deixar de agradecer aos nossos irmãos, amigos, professores, mentores, alunos e colaboradores que tivemos e que nos ensinaram a sermos pessoas, professores e líderes melhores.

"Aqueles que passam por nós não vão sós. Deixam um pouco de si, levam um pouco de nós"
(Antoine de Saint-Exupéry).

SOBRE OS AUTORES

ANA MARIA OLIVO

Doutora em administração e escritora. Com mais de trinta anos de experiência na área educacional e empresarial, atua em organizações públicas e privadas.

Tem como filosofia de vida acreditar na gestão de empresas felizes, prósperas e lucrativas. Acredita em uma sociedade na qual as empresas possam ser elementos de cura para os colaboradores. Um local agradável em que haja alegria em estar ali e que a prosperidade faça parte da vida de todos. Afinal, gestores, clientes, colaboradores e fornecedores são pessoas e merecem todo cuidado e carinho.

Nasceu em uma família de pais empreendedores. Aos 17 anos, tornou-se empresária e, como toda jovem que está trilhando um novo caminho, teve erros e acertos durante essa jornada. Transitou pelo mundo empresarial e acadêmico e defende que o conhecimento só é útil se nos transformar em pessoas melhores para o mundo.

Como escritora, procura ajudar empreendedores a gerirem melhor os negócios, de forma a terem mais prosperidade em suas vidas e a contribuírem para uma sociedade melhor. Como mulher, vivia uma crença de que ou teria sucesso no amor e na família, ou na carreira, pois achava difícil dar conta de tudo ao mesmo tempo, mesmo tendo o bom exemplo dos pais.

Mais tarde, com a maturidade, percebeu que é possível e pode ser leve conciliar tudo. Manter o equilíbrio entre os diversos pilares da vida, como espiritualidade, amor, família, trabalho, finanças e lazer, é necessário para nos levar ao verdadeiro sucesso.

LUIZ BOSCHILIA

Formado em economia e educação física, é especialista em administração, empreendedorismo e em educação a distância. Como professor, tem mais de quarenta anos de experiência, atuou desde a educação básica até o ensino superior. Foi empresário e consultor. Publicou vários livros nas áreas de administração, empreendedorismo, ambiental e para o Programa Escola Aberta do Brasil (e-Tec) do Ministério da Educação (MEC).

Assume que a educação é muito importante não só para a formação profissional, mas, principalmente, para a composição do senso crítico do cidadão, além de ensinar a lidar com as adversidades da vida.

> *"Quem ensina aprende ao ensinar. E quem aprende ensina ao aprender"* (Paulo Freire).

SUMÁRIO

APRESENTAÇÃO 1

CAPÍTULO 1: PARE O MUNDO QUE EU QUERO DESCER! 7

Tópicos essenciais deste capítulo: 7
O que virá adiante nas empresas e nos negócios? 10
A importância de ter resiliência e fé 13

CAPÍTULO 2: O QUE É ESSE NEGÓCIO DE EMPRESAS FELIZES, PRÓSPERAS E LUCRATIVAS? 17

Tópicos essenciais deste capítulo: 17
O que necessitamos para sermos mais felizes? 18
Estar em ambientes seguros 20
FIB — Felicidade Interna Bruta 24
Trabalhar com amor e expressar talentos 26

CAPÍTULO 3: POR QUE AS EMPRESAS TÊM ALMA? 29

Tópicos essenciais deste capítulo: 29
Alma empresarial: propósito além do lucro 30
Cuidando da alma das pessoas 34
O poder da oração e da fé 35
O poder do autoconhecimento 39
O poder da gratidão e da meditação 40
O poder do autoamor e da autoconfiança 42
O poder do perdão 44
O poder do protagonismo 46

CAPÍTULO 4: AMOR E ALMA NAS PESSOAS 53

Tópicos essenciais deste capítulo: 53
Líderes com alma 55
Humildade para ouvir e dar *feedbacks* 62

CAPÍTULO 5: AMOR E ALMA NO MARKETING E NAS VENDAS 69
Tópicos essenciais deste capítulo: 69
Como ter um posicionamento melhor? 71
Como podemos entregar mais valor? 73
Por que ter um porquê? 76
Como aprender a gostar de vender? 77
Arrumando os ambientes para agradar às pessoas 80

CAPÍTULO 6: AMOR E ALMA NOS RECURSOS FINANCEIROS: A SABEDORIA PARA LIDAR COM O DINHEIRO 83
Tópicos essenciais deste capítulo: 83
Os segredos da riqueza e da prosperidade 86
Considerações sobre finanças que sempre é bom saber 94
Instrumentos da gestão financeira 96
Margem de contribuição 97
Ponto de equilíbrio (PE) 98

CAPÍTULO 7: AMOR E ALMA NO PLANEJAMENTO: APROVEITE BEM O SEU TEMPO 101
Tópicos essenciais deste capítulo: 101
Perguntas a serem feitas antes de começar a planejar 102
Ferramenta 5W2H para construção do plano de ação: 106
Planejamento do nosso tempo: como ter mais produtividade? 106
Parábola do Lenhador 109
Sete pecados capitais da produtividade 113
Como começar a mudar os hábitos para sermos mais produtivos? 114
Leis e princípios aplicados ao tempo e sua relação com a produtividade 115
Mantenha o foco, evite dispersões 117

CAPÍTULO 8: AMOR E ALMA NOS RESULTADOS: COLOCANDO EM PRÁTICA OS APRENDIZADOS NA EMPRESA E NA VIDA PESSOAL 123
Tópicos essenciais deste capítulo: 123
FERRAMENTA 1: diagnóstico emocional do negócio 125
FERRAMENTA 2: nível de satisfação da equipe 130
FERRAMENTA 3: criando equipes de alta performance 133
FERRAMENTA 4: desenvolvendo líderes de alta performance 134
FERRAMENTA 5: definição de estratégia para a fidelização do cliente 135
FERRAMENTA 6: analisando a gestão financeira 137
FERRAMENTA 7: planejamento 360º 140

Palavras Finais **145**

Referências Bibliográficas **147**

Índice **149**

APRESENTAÇÃO

Muitos empreendedores, ao criarem suas empresas ou negócios, sentem-se felizes, cheios de expectativas e energia, certo? Porém, com o passar do tempo, percebem que não é tão simples assim gerir o empreendimento e que nada é um “mar de rosas”. Alguns começam sozinhos, contudo, conforme a empresa vai crescendo, crescem também a demanda de trabalho e os problemas.

Não sabemos em que momento você se encontra hoje. Se já tem sua empresa ou negócio estruturado, se está iniciando ou ainda está pensando em começar. Pode ser que esteja na fase de “namoro”, entrando na jornada empreendedora, querendo ter um negócio próprio. Independentemente da situação, certamente se identificará com alguns desafios que encontramos, tais como:

- Trabalhar muito e a família e os amigos cobrarem por mais atenção.
- Questionar-se a respeito de seu papel e sua missão no mundo.
- Sentir dificuldades em organizar seu empreendimento, ter tempo para si e para a família.
- Sentir-se cansado por trabalhar muito e não ver resultados.
- Perceber que a sua equipe está desmotivada.

- Estar com excesso de trabalho ou dificuldades para delegar.
- Não conseguir cuidar com eficiência de tudo: das compras e vendas, do marketing, das pessoas e dos processos administrativos.
- Perceber que as vendas e os lucros estão caindo.
- Ter que lidar com dificuldades financeiras.

Bem-vindo ao mundo real! Problemas acontecem, e em algum momento da nossa jornada empreendedora vamos nos sentir assim, parecendo estar em um beco sem saída. Então, onde buscar alívio nos momentos de dificuldade?

> *Não andem ansiosos por coisa alguma, mas em tudo, pela oração e súplicas, e com ação de graças, apresentem seus pedidos a Deus. E a paz de Deus, que excede todo o entendimento, guardará o coração e a mente de vocês em Cristo Jesus.* (Filipenses 4:6-7)

Desafios sempre existirão, não importa o caminho que você escolher seguir. No entanto, não precisa andar com ansiedade e preocupação; é preciso focar as soluções. Talvez esteja na hora de conhecer estratégias e métodos eficazes para tornar seu negócio próspero, lucrativo e equilibrado com as outras áreas da sua vida. Pois a sua empresa, negócio ou mesmo carreira só irá expandir se a sua saúde, suas relações familiares, finanças, espiritualidade e lazer estiverem minimamente balanceados.

Por isso, escrevemos **este** livro. Para mostrar-lhe algumas técnicas, já utilizadas por líderes conscientes, a fim de potencializar a sua alta performance e a da sua equipe, melhorando, assim, os resultados técnicos, financeiros e emocionais. Tudo isso aliado à valorização e ao respeito às pessoas e ao meio ambiente. Sua empresa pode ser feliz, próspera e lucrativa! Afinal, a jornada empreendedora não precisa ser um castigo, tampouco uma correria, sem tempo para nada. Saiba que também já sentimos na pele todas essas dificuldades que você pode estar enfrentando.

Aprendemos também que não é a escolaridade que nos leva ao sucesso, e sim quando vencemos o sentimento de inferioridade e de incapacidade. Alguns medos e inseguranças também atrapalham muito a nossa jornada empreendedora. Essas emoções, se não compreendidas, afetam todas as áreas da vida e acabam enfraquecendo a nossa espiritualidade e nossa conexão com Deus, nas quais se encontra o grande mistério e o segredo da felicidade e do sucesso.

Conforme adquirimos maturidade espiritual, conseguimos lidar melhor com as nossas emoções e tomar melhores decisões. Ao reconhecer o propósito de Deus em nossas vidas, fortalecemo-nos emocionalmente e ficamos aptos a buscar os conhecimentos técnicos de que necessitamos, no lugar certo e com as pessoas certas. Se procurarmos aprender com indivíduos que já passaram por experiências parecidas, eles poderão nos orientar a empreender de um jeito que funciona.

Você não precisa ser um lobo solitário para empreender; com ajuda, a gente chega mais rápido e mais longe. Caso queira apenas andar rápido, caminhe sozinho! Mas, se você quiser ir longe, caminhe junto com aqueles que te ajudem a crescer.

Nessa jornada, aprendemos que, em paralelo à teoria, precisamos trabalhar a nossa inteligência emocional e a espiritualidade. Isso não é algo comum nos currículos escolares. E, como é algo que não se aprende nas escolas, é necessário dar um passo à frente, compreendendo que existe uma força que impulsiona o todo, que é a nossa fé e nossa conexão com Deus. À medida que mergulhamos no genuíno e profundo conhecimento sobre vida, negociações, lideranças e estratégias, que se encontram na Bíblia, o todo faz mais sentido e alcançamos a verdadeira prosperidade.

O conteúdo deste livro é adequado para:

- Pessoas que querem aprender mais sobre gestão e negócios de uma maneira diferente.
- Indivíduos que pensam em ter um negócio ou estão começando — pois assim vão aprender a economizar tempo e dinheiro.

- Pessoas que têm um consultório/escritório ou são profissionais liberais — afinal, são negócios e empresas também.
- Líderes de empresas e negócios de qualquer porte que atuam no mercado online e/ou físico.
- Pessoas que acreditam num mundo mais justo, onde a prosperidade e felicidade podem ser compartilhadas com todas as pessoas que nos ajudam a construir riquezas.

Se você tem uma empresa ou um negócio, ou está pensando em começar um, vai aprender como geri-lo melhor e, consequentemente, vender e lucrar mais, tudo isso com uma maior leveza e felicidade. Caso seja líder de alguma equipe, terá melhor clareza sobre seu papel e como pode obter mais engajamento dos seus colaboradores. O melhor de tudo é que você pode conseguir isso com os recursos que você já tem. Só precisa começar a acreditar mais, perceber a riqueza que já possui em mãos. Com certeza, este livro o ajudará muito nisso.

Este livro é apresentado em oito capítulos, assim distribuídos:

CAPÍTULO 1 — PARE O MUNDO QUE EU QUERO DESCER!

Você refletirá sobre o cenário atual das empresas e dos negócios, bem como as tendências que se apresentam daqui para frente. Neste mundo tão conturbado e com tantas mudanças, é preciso ter resiliência e fé para continuarmos perseverantes. Você vai aprender algumas técnicas usadas por empreendedores para ter mais resiliência.

CAPÍTULO 2 — O QUE É ESSE NEGÓCIO DE EMPRESAS FELIZES, PRÓSPERAS E LUCRATIVAS?

Você vai compreender o significado de empresas felizes, prósperas e lucrativas e como poderá aplicar as ferramentas dispostas neste livro. Conhecerá também algumas pesquisas realizadas para medir o quanto a felicidade no trabalho pode influenciar no desempenho das pessoas.

CAPÍTULO 3 — POR QUE AS EMPRESAS TÊM ALMA?

Será apresentado o porquê de as empresas terem alma. Serão abordados conteúdos sobre propósito e lucro e o cuidado com as pessoas. Entenderá seis superpoderes que precisamos desenvolver em nós e que podemos compartilhar com nossos colaboradores.

CAPÍTULO 4 — AMOR E ALMA NAS PESSOAS

Vamos falar de amor. Amor pelo trabalho, pelo servir da liderança e pelas pessoas. Irá se inteirar sobre o quanto é importante conhecermos a nós mesmos e aos indivíduos que trabalham conosco. Saberá técnicas eficientes e amorosas de dar *feedbacks* e se comunicar melhor. Vai descobrir que todos são importantes e que cada um tem seu lugar na empresa, que vai muito além da sua utilidade prática no processo produtivo, pois a energia de cada um afeta o desempenho da equipe e os resultados da companhia.

CAPÍTULO 5 — AMOR E ALMA NO MARKETING E NAS VENDAS

Você aprenderá como ter um posicionamento melhor e como entregar mais valor aos seus clientes. Também romperá com algumas crenças e padrões de pensamentos repetitivos que atrapalham a comunicação, as negociações e as vendas.

CAPÍTULO 6 — AMOR E ALMA NOS RECURSOS FINANCEIROS: A SABEDORIA PARA LIDAR COM O DINHEIRO

Dominará a maneira como cuidar do seu dinheiro e das finanças da empresa com sabedoria. Também vai conhecer recursos básicos e simples para cuidar das suas finanças.

CAPÍTULO 7 — AMOR E ALMA NO PLANEJAMENTO: APROVEITE BEM O SEU TEMPO

Irá aprender a planejar tempo e recursos, além de conhecer os segredos de como se tornar uma pessoa mais produtiva e ter uma equipe mais ativa. Isso tudo de uma forma leve, que aumente o seu desempenho e o do seu grupo de trabalho, com melhor saúde e qualidade de vida para todos. Do mesmo modo, irá desenvolver e colocar em prática hábitos de sucesso, mantendo o foco e livrando-se das dispersões.

CAPÍTULO 8 — AMOR E ALMA NOS RESULTADOS: COLOCANDO EM PRÁTICA OS APRENDIZADOS NA EMPRESA E NA VIDA PESSOAL

Esta é a hora de entrar em ação! Você vai começar um diagnóstico emocional do seu negócio junto às ferramentas que foram mencionadas em cada um dos capítulos.

Também descobrirá o nível de energia e de felicidade da equipe, examinando o meio de transformá-la em um grupo de alta performance. Ainda, aprenderá a liderar de maneira efetiva e afetiva. Poderá redescobrir o perfil e gostos dos seus clientes, como comunicar-se melhor com eles e melhorar o seu posicionamento. Por fim, vai sair com um plano de melhorias em todas as áreas do seu negócio.

No último capítulo, você vai aplicar os aprendizados contidos neste livro e tentar obter resultados. Afinal, não se aprende a cozinhar somente olhando o cardápio, certo? É preciso elaborar as ações e pôr a mão na massa, ou seja, colocar em prática para que se atinja os efeitos pretendidos. Este livro é muito mais do que um apanhado de ideias interessantes, é um guia para o seu crescimento, da sua empresa e dos seus negócios.

Que você possa colher os ensinamentos dos quais precisa, para ser feliz e tornar sua empresa e seus negócios prósperos e lucrativos. Mas se você ainda não possui um empreendimento, colha esses ensinamentos para se engrandecer no quesito tanto pessoal quanto profissional, a fim de ser melhor e mais feliz. Tenha uma ótima leitura!

CAPÍTULO 1

PARE O MUNDO QUE eu quero descer!

Confia teus negócios ao Senhor e teus planos terão bom êxito. (Provérbios 16:3)

TÓPICOS ESSENCIAIS DESTE CAPÍTULO:

- Cenário de mudanças tecnológicas.
- Consumidores conscientes.
- Redução de recursos e de consumo.
- Incertezas e turbulências.
- Pessoas melhores no mundo.
- Tendências.
- Novas formas de trabalho.
- Resiliência.
- Fé e espiritualidade.
- Carinho e cuidado com os outros.

Sabemos que esta nova era vem permeada de mudanças, com as inovações e evoluções tecnológicas típicas da era digital. Mudanças no cenário mundial, com tendências e oportunidades de novos negócios, fazem com que cada vez mais pessoas estejam conscientes e busquem por mais qualidade de vida e felicidade.

Como consumidores, ficamos ainda mais exigentes, pois hoje temos escolhas. No livro *Empreendedorismo Consciente*, de Rodrigo Caetano e Pedro Paro, é destacado que: "Para conquistar o cliente, será preciso ganhar o seu coração, e isso só é possível se ele se identificar com aquilo que está comprando. O consumismo vazio, acumulativo e sem objetivo dará lugar ao consumo consciente, em que o ato de adquirir um produto ou serviço se torna um posicionamento sociocultural".

Assim, há uma forte tendência mundial na redução do emprego de recursos, desde o início da produção até o consumo final. Essas modificações no perfil e no gosto dos consumidores tornam-se um grande desafio para as empresas. Isso significa dizer que, como consumidores, buscamos produtos que sejam mais sustentáveis e queremos comprar de empresas que se preocupam com a preservação do planeta em todos os seus pilares: ambiental, social e econômico. Com isso, se as nossas expectativas não forem atendidas, temos muitas opções de fornecedores na ponta dos dedos.

O mundo já vinha sendo impactado por grandes transformações mesmo antes da pandemia de Covid-19 em 2020. Esta veio para acelerar esse processo e muitos de nós, assim como muitas empresas, não estávamos preparados para essa circunstância. Entramos num estado de transição global nas mais variadas questões, ou seja, houve uma brusca alteração no curso normal das coisas.

Apesar da incerteza que vivíamos antes, tínhamos um planejamento básico do que iríamos fazer no futuro. A nossa rotina já era conhecida e basicamente íamos "tocando a vida". Já estava previsto, conforme pode-se observar em diversos artigos científicos e em profecias bíblicas, que, a partir do ano de 2020, passaríamos por grandes renovações.

Do dia para noite, tivemos que adaptar a rotina familiar e empresarial, e a situação, que já estava ruim, piorou. Além dos milhares de vidas perdidas, muitos problemas de ordem social e econômica vieram à tona: aumento (ou maior visibilidade) das desigualdades sociais, paralisação de operações, interrupção nas cadeias produtivas e de suprimentos, cancelamento de eventos e viagens, restrições de mobilidade, fechamento de empresas etc.

Mas o que não esperávamos era que viesse uma turbulência tão forte a ponto de impactar todos os setores da nossa vida. Isso mesmo!

Em meio a esse caos, surge uma humanidade nunca vista na história; entendemos que somos vulneráveis, uns mais e outros menos. Apesar de termos navegado em barcos diferentes (uns, num barquinho; outros, num iate), estávamos juntos nesse mesmo mar revolto. O mundo nunca viu tanto amor, tanta solidariedade como durante esse período pandêmico. Mostrou-se uma nova fase, com a predominância de um "novo humano", com maior consciência do seu papel no mundo.

> *Feliz é o homem que empresta com generosidade e que com honestidade conduz os seus negócios.* (Salmos 112:5)

Dito isso, não precisamos de um mundo melhor, Deus já o fez perfeito, mas sim de pessoas melhores. Preocupamo-nos em deixar um planeta em boas condições para os nossos filhos, porém deveríamos nos atentar em deixar filhos virtuosos para o mesmo.

Percebemos, então, que apesar de tantas inovações, que nos tornam adiantados em alguns aspectos, continuamos atrasados em muitos outros. Na pandemia, o mundo passou a ter um vilão (o coronavírus), que pode ser o culpado por todos os fracassos das empresas e dos negócios. Mas... quem culpávamos antes? Fica a reflexão.

> *Quem fica esperando que o vento mude e que o tempo fique bom nunca plantará, nem colherá nada.*
> (Eclesiastes 11:4)

Um novo período veio aí, com reestruturação da ordem social e econômica, desafiando modelos de gestão, onde as coisas não voltaram ao que eram antes, surgindo, então, um "novo normal". Vivíamos um *lockdown*, onde organizações, escolas e instituições tiveram que permanecer fechadas para evitar a transmissão do vírus. Diversas empresas encerraram suas atividades, porém outras foram criadas, e muitas, ainda, reinventaram-se e novos negócios surgiram.

A pandemia nos ajudou a intensificar o que temos de positivo e de negativo. Enfim, ela trouxe oportunidades de acentuar quem já somos. Ou mostramos nosso lado obscuro, ou nos transformamos em indivíduos melhores.

O QUE VIRÁ ADIANTE NAS EMPRESAS E NOS NEGÓCIOS?

Dentre tudo o que vivenciamos, observa-se uma predisposição de transição nas formas de trabalho. Um exemplo disso foi a adesão mais intensa ao modelo *home office* e ao teletrabalho. Essas iniciativas já estavam acontecendo em alguns setores, mas para a maioria das pessoas ainda era uma situação futurista. Agora, tanto o teletrabalho quanto o *home office* têm sido vistos como uma alternativa para empresas reduzirem os custos e manterem seus empregados. Uma inovação que veio para ficar!

Por outro lado, esses novos métodos de trabalho nos trazem de volta para casa, com oportunidade de ficarmos mais junto da família, com menos perda de tempo no trânsito, por exemplo. É preciso cuidar para não perdermos os laços com as pessoas e não nos isolarmos nas nossas "cavernas".

Para atuar em *home office* ou teletrabalho, são necessárias organização e disciplina, bem como o envolvimento da família e uma maior colaboração e harmonia dentro do lar. Todos precisam se sentir acolhidos e colaborar na nova rotina da casa.

Para quem tem filhos pequenos, é indispensável estabelecer horários para trabalhar enquanto eles estudam, brincam ou fazem alguma atividade sozinhos. No meio do expediente, é importante intercalar tempo para brincar com as crianças ou fazer alguma atividade juntos. É sempre necessário respeitar o horário combinado com as crianças, assim como negociar com elas a reciprocidade nos momentos em que é preciso trabalhar e/ou estudar.

Além disso, também é fundamental estruturar uma agenda com a rotina, uma vez que temos que dispor de momentos para relaxar, praticar atividade física e cuidar de si e da família. É uma fase de aprendizado, pois não é só o dia a dia que muda, mas também a forma de vermos o mundo, com maior convivência e intimidade parental.

Para os gestores e líderes, é imprescindível que haja reuniões e acompanhamento semanais, pelo menos. É igualmente importante preservar a interação entre as equipes. Os horários em que o colaborador se dedicar ao trabalho em casa precisam ser combinados. As regras necessitam ser claras, dado que, nesse novo modelo, tanto o trabalho como o lazer acontecem no mesmo local. Em suma, é necessário um novo olhar para sabermos lidar com tantas mudanças.

Além do teletrabalho, do *home office* e da educação a distância, temos gerações cada dia mais digitais. Surgiram novas plataformas para viabilizar a conexão com professores, especialistas e mentores, a fim de possibilitar o ensinamento de diversas habilidades. De fato, não vamos concluir ou terminar os estudos nunca, pois a educação continuada é algo constante, seja ela presencial ou online.

Portanto, não dá mais para continuar querendo resultados diferentes utilizando as mesmas formas antigas de resolver os problemas. Se o mundo mudou, precisamos mudar também!

Klaus Schwab, professor, escritor e fundador e presidente do Fórum Econômico Mundial, retrata que estamos na Quarta Revolução Industrial, algo que vai muito além de sistemas e máquinas inteligentes e conectadas. Este novo momento traz consigo inovações, tais como: inteligência artificial, robótica, internet das coisas, veículos autônomos, impressão 3D, nanotecnologia, biotecnologia, armazenamento de energia e computação quântica.

A internet das coisas se refere a um conceito tecnológico em que todos os objetos da vida cotidiana estariam conectados à internet, através da rede, agindo de modo inteligente, munidos de sensores, circuitos eletrônicos e softwares capazes de coletar, processar e trocar dados. Alguns exemplos seriam:

- Fechaduras inteligentes conectadas à internet por *Wi-Fi* e *Bluetooth* que possibilitam que portas sejam controladas digitalmente e a distância.
- Termostatos inteligentes que medem a temperatura do ambiente e regulam ar-condicionado ou aquecedores.
- Automóveis conectados: veículos com painéis de conexão à internet e integração com aplicativos; carros inteligentes que dispensam motoristas.
- Serviços de saúde inteligentes: pacientes usam dispositivos automatizados e conectados para, por exemplo, medir batimentos cardíacos.
- Sensores para agricultura: detectam temperaturas, umidade do ar e ativam sistemas de irrigação, uso de drones etc.

Segundo ele, além do aspecto material das mudanças, há outras habilidades e necessidades a serem desenvolvidas pelos líderes:

- Capacidade de aprendizado contínuo e mudança de modelos conceituais e operacionais.
- Combinação dos mundos offline e online.
- Estabelecimento de parcerias numa sociedade centrada no indivíduo.
- Noção de pertencimento — as pessoas querem sentir que fazem parte de um grupo ou uma comunidade.
- Investimento na inteligência emocional dos gestores e colaboradores, devido à grande preocupação com a saúde mental das pessoas.

Ademais, as inovações vêm contribuindo para que empresas e instituições tenham uma gestão ágil, simplificada e inteligente — não somente sobre os aspectos técnicos; precisamos aprender uma forma de capitalismo mais consciente. As organizações precisam ter propósitos tão necessários quanto o lucro, de modo que possam dispor de uma missão que deixe um legado para a humanidade. Essa nova era requer corporações mais humanizadas e que tenham como propósito a criação de valores para a sociedade e para o meio ambiente.

> *Sabemos que todas as coisas cooperam para o bem daqueles que amam a Deus, daqueles que são chamados segundo o seu propósito.* (Romanos 8:28)

A IMPORTÂNCIA DE TER RESILIÊNCIA E FÉ

Diante dessas mudanças nos ambientes e nas pessoas, é essencial desenvolver resiliência pessoal e empresarial. Resiliência é uma palavra que vem do latim *resilire*, que significa voltar atrás ou ao estado normal. Ela também pode ser definida como a capacidade humana de passar por problemas e dificuldades e resolvê-los o mais rápido possível, com equilíbrio emocional.

Na física, usa-se tal termo para explicar um fenômeno no qual a energia armazenada em um corpo deformado é devolvida quando cessa a tensão que causou essa alteração. Um exemplo disso é um elástico, que, ao ser esticado, sofre uma distensão e muda de forma e tamanho, porém, findado o processo, volta ao estado padrão. Outro exemplo é uma mola, que volta à condição normal após se submeter à expansão ou retração. Assim nós devemos ser. Após suspensa a tensão, devemos voltar ao estado normal e ao equilíbrio.

A seguir, apresenta-se algumas dicas para ter mais resiliência no contexto pessoal que refletem nas empresas, instituições e negócios. Isso vale para os gestores e colaboradores:

- Cuidar da saúde fisiológica: exercitar-se, dormir mais (o tempo suficiente para o corpo se restabelecer), comer melhor e envolver-se em autocuidado.
- Cuidar dos aspectos cognitivos: procurar focar as soluções, e não os problemas. Um hábito eficaz é, quando tiver que resolver um problema, pedir ao seu cérebro diversas opções de soluções, em vez de ficar insistindo em algo que você já sabe que não resolve.
- Observar nossos pensamentos: assim aprendemos a reconhecer quando nossa mente está se deixando pensar negativamente e, então, poder "girar a chave". Para aqueles que acreditam que pensamento positivo ou otimismo não ajudam, a negatividade só piora as situações. É fundamental ensinar novos caminhos para a mente e pararmos de nos preocupar com aquilo que não podemos controlar ou com o que ainda não aconteceu.
- Lembrar-se de que nada é permanente: as situações sempre podem mudar. Logo, assim como os momentos felizes, os tristes e difíceis também passam.
- Manter o foco e a determinação naquilo que queremos: apesar das adversidades, não devemos perder de vista nossos objetivos mais importantes.
- Praticar meditação: muito além das questões místicas ou religiosas, está comprovado cientificamente que a meditação atua nos nossos aspectos fisiológicos, mentais e emocionais. Ajuda também a reduzir níveis de estresse e ansiedade, melhorando a concentração e estimulando a criatividade, além de dar mais clareza à tomada de decisões.
- Exercitar o hábito da gratidão: ela bloqueia a entrada do pessimismo que pode interferir nas emoções e resoluções. Uma dica muito bacana é não sairmos de casa antes de agradecer por tudo o que temos de bom, tal qual determinar como queremos que seja o nosso dia; assim, não seremos devorados pela ansiedade e pelo ritmo do relógio.

- Nutrir-se de uma rede de apoio social e emocional: interagir com outras pessoas, mesmo que por meios não presenciais, e buscar ajuda especializada, além de colocar-se à disposição para ajudar.
- Força espiritual: orar e manter a conexão com pessoas que compartilhem da mesma fé.

> *Esquecendo-me do que fica para trás e avançando para o que está adiante, prossigo para o alvo, para o prêmio da vocação do alto, que vem de Deus em Cristo Jesus. [...] Qualquer que seja o ponto a que chegamos, conservemos o rumo.* (Filipenses 3:13-16)

Esses versículos da Bíblia resumem muito bem a resiliência, que trata de não focar o passado e os problemas, mas, sim, seguir adiante. Não devemos perder o rumo para que possamos encontrar as soluções mais assertivas. Exercitar essa característica serve para vários aspectos da vida. Ela nos ajuda a equilibrar todas as áreas e os recursos do negócio, de maneira a lidar com as adversidades e focar a busca dos resultados desejados.

Na universidade, aprende-se a teoria, mas é na família, nos grupos e na empresa que a vida acontece. É nela que ocorrerão as relações humanas, a gestão de conflitos, a implementação das estratégias, as compras, as vendas e as negociações.

Por isso, cabe às empresas não somente selecionar as pessoas pelo currículo e pelas capacidades técnicas como também buscar colaboradores que estejam preparados, a fim de evoluir, com a mentalidade aberta e pronta para aprender e ensinar. Logo, a empresa tem alma, e os gestores precisam ter cuidado com quem irão trazer para dentro dela. É indispensável conhecer os valores, sonhos e comportamentos das pessoas, antes de confiar a elas a nossa casa e empresa.

Não se associe com quem vive de mau humor,
nem ande em companhia de quem facilmente se ira.
(Provérbios 22:24)

Se quisermos ter empresas prósperas, precisamos nos cuidar como gestores e cuidar também dos colaboradores que nos auxiliam na geração de riqueza. Vê-se como inevitável ir além de valorizar e apoiar as competências e habilidades desses indivíduos, compreendendo que: "Não se contrata apenas um braço; uma pessoa inteira vem junto com ele" (Peter Drucker, 1966). Ou seja, na companhia de uma pessoa, virá a sua luz e sua sombra!

PARA REFLETIR sobre este capítulo:

Certa vez, ao participar de um estudo bíblico, deparamo-nos com algumas perguntas que devem ser feitas depois de lermos ou aprendermos algo novo: o que isso significa para mim? Como aplicar isso na minha vida e nos meus negócios? A partir disso, qual é a ação que vou tomar hoje? Pois, de nada adianta a leitura se não aplicarmos nada em nossas vidas. Afinal, não se aprende a dirigir somente lendo o manual. É preciso praticar! Abaixo, e ao final de cada capítulo, vamos colocar as perguntas para lembrá-lo de fazer essa reflexão.

Quando lemos, costumamos destacar com marca-texto as partes que mais têm sentido. Você pode fazer isso também e, se for preciso, voltar às suas marcações. Não pense que será perda de tempo. Quando terminar este livro, você verá quantas transformações terá ao fazer este exercício. Confie!

1. O que isso significa para mim?
2. Como aplicar isso na minha vida e nos meus negócios?
3. A partir disso, qual é a ação que vou tomar hoje?

CAPÍTULO 2

O QUE É ESSE NEGÓCIO DE EMPRESAS FELIZES, *prósperas e lucrativas?*

O exercício do amor é contagioso, portanto, ao promoverem o amor, as empresas são amadas.
(Rodrigo Caetano e Pedro Paro)

TÓPICOS ESSENCIAIS DESTE CAPÍTULO:

- Do que necessitamos para sermos mais felizes?
- Ambientes seguros.
- Felicidade e lucro.
- Ressignificar o trabalho.
- Pertencimento.
- Motivo e propósito.
- Afetividade e efetividade.
- Felicidade e prosperidade no trabalho.
- FIB — Felicidade Interna Bruta.
- Trabalhar com amor e expressar talentos.
- Pessoas felizes trabalham melhor e dão mais resultados.

Conforme mencionamos inicialmente, acreditamos num mundo onde as empresas possam ser elementos de cura para as pessoas que trabalham nelas. Um local agradável onde haja alegria em estar ali e que a prosperidade faça parte da vida de todos. Pois gestores, clientes, colaboradores e fornecedores são pessoas que merecem todo cuidado e carinho.

Uma vez, alguém disse que empresas não têm sentimento, então esse negócio de empresas felizes não existe. Que pessoas são felizes, e não empresas! Mas, afinal, o que é uma empresa, se não um amontoado de indivíduos e demais recursos que estão juntos para servir outras pessoas? Elas existem para adequar-se a outros indivíduos nas necessidades de produtos e serviços. Empresas têm alma! Por isso, a energia de cada um pode contribuir com a felicidade ou infelicidade desse organismo vivo chamado empresa.

Já ouvimos críticas dizendo que somos sonhadores ou otimistas demais. Bem, se você está lendo este livro é porque se identifica com o que colocamos aqui ou porque tem dúvidas e quer ver até onde vamos chegar com essas ideias. Ficamos felizes em saber que não estamos sozinhos nesse sonho e que diversas pessoas e empresas de sucesso compartilham disso.

O QUE NECESSITAMOS PARA SERMOS MAIS FELIZES?

O nosso comportamento pode ser analisado em função das nossas necessidades. A conduta decorrente da motivação emerge da atividade a que nos dedicamos e da tensão sentida quando uma exigência se apresenta.

Basicamente, quase todas as pessoas procuram percorrer um caminho como se estivessem em uma escada. Ao subir um degrau por vez, somente se conscientizando da próxima fase e sendo por ela motivado, ultrapassa-se a etapa anterior.

Na visão do psicólogo norte-americano Abraham Maslow, foi elaborada uma pirâmide para demonstrar a hierarquia das necessidades básicas dos seres humanos.

1. **Necessidades básicas:** situadas na base da pirâmide, que representa a sobrevivência ou as necessidades fisiológicas, como roupas, abrigo, alimentação, conforto, sexualidade, descanso etc.
2. **Necessidades de segurança:** no segundo nível, está a própria segurança e a da família, no qual se considera o plano de aposentadoria, a assistência médica, a política salarial, a higiene e segurança no trabalho, como também aquisição da casa própria e/ou segurança financeira.
3. **Necessidades sociais ou de associação:** no terceiro nível, há o sentimento de associação, em que consta a afiliação, a participação em grupos e a interação com a família organizacional.
4. **Necessidades de autoestima ou ego/status:** no quarto nível, se apresentam o desejo de demonstrar sua capacidade profissional e a espera de recompensas sociais e profissionais.
5. **Necessidades de autorrealização:** no quinto e último nível se encontra a preocupação em fazer trabalhos mais significativos e ter um propósito maior.

A pirâmide foi elaborada na década de 1950 e serviu como referência para compreender os estágios de vida de cada pessoa. Possui várias interpretações, pois é como se houvesse uma escala gradativa para a felicidade, cujo ser humano cresce, se desenvolve, consome e busca a felicidade, quando tem planos para a realização de seus sonhos. Só que na prática sabemos que o sucesso não é uma linha reta ascendente, uma vez que é repleta de altos e baixos.

Nós, seres humanos, temos essas demandas e ficamos mais felizes e realizados quando são atendidas. No entanto, ao se referir à felicidade, sabemos que ela vem de dentro e que é algo individual, por isso é importante que esteja presente em todos os pontos da vida. Acreditamos que a felicidade não é um alvo a ser atingido no futuro, e sim algo que deve ser presente em todo percurso. Não dá para trabalhar duro a semana inteira e ser feliz só aos finais de semana.

É preciso que as empresas estejam atentas à satisfação dos colaboradores ao exercer determinada função. Todos temos carências de reconhecimento e desejamos ver propósito nisso. No entanto, é triste quando notamos que algumas empresas esquecem que os funcionários têm sonhos, desejos e que buscam a felicidade. Esta vai muito além do que trocar sua força de trabalho por horas e mão de obra por dinheiro.

ESTAR EM AMBIENTES SEGUROS

Alguns gestores pensam que os colaboradores não fazem mais que a obrigação, uma vez que recebem seus salários. Contudo, outras empresas também oferecem isso e, às vezes, com valores mais atrativos. Então, o que mais a sua empresa pode oferecer para fidelizar os funcionários, para que tenham orgulho do lugar onde trabalham e se tornem os maiores influenciadores da sua empresa?

Costumamos pensar que muitas vezes há uma relação esquizofrênica entre clientes, colaboradores e empresa. A organização deseja que os clientes sejam fiéis à marca, que deem preferência ao seu empreendimento, que divulguem e falem bem dela para a maioria das pessoas. No entanto, no meio dessa relação está o colaborador, o vendedor, o atendente, figuras que atuam como mediadores no processo. Então, se as necessidades dos funcionários não são atendidas e eles não são felizes, como desejamos que nosso cliente tenha experiências incríveis ou inesquecíveis ao comprar da nossa empresa?

De acordo com o líder empresarial e escritor Márcio Fernandes, em seu livro *Felicidade Dá Lucro*, há uma relação entre felicidade e melhoria contínua. Ele destaca que, quando foi presidente da Elektro, de 2012 a 2014, a empresa obteve 22% de ganhos de eficiência nos custos operacionais, e o indicador de qualidade nos serviços melhorou 15% sem que a empresa tivesse que realizar investimentos adicionais.

Ele foi considerado um dos líderes corporativos mais amados do Brasil, com sua filosofia de gestão baseada no equilíbrio entre a afetividade e a efetividade nas organizações. Nessa filosofia, diz que não se trata de ser bonzinho ou gerir uma empresa pela emoção apenas, mas de ser justo. Para ele: "a felicidade é lucrativa para todos. A empresa se beneficia com a felicidade das pessoas, pois os seus resultados financeiros não param de aumentar. Quanto mais felizes são os colaboradores, mais animados e dedicados eles trabalham. O resultado positivo está em tudo: na carreira, no salário, na participação nos lucros, na qualidade de vida da pessoa e da família".

Afinal, passamos grande parte do nosso tempo e das nossas vidas trabalhando, e isso não deve ser algo penoso, e sim um lugar onde se queira estar. Conforme resgatamos o sentimento de pertencimento a uma empresa e à causa que ela defende, assim como entendemos o propósito de sua existência, conseguimos ressignificar o nosso trabalho e nos sentirmos felizes em fazer parte dela.

O escritor Simon Sinek diz que: "Quem acorda feliz para ir ao trabalho é um profissional mais produtivo e criativo. Voltam para casa mais felizes e têm famílias mais felizes. Tratam melhor os colegas, clientes e consumidores. Funcionários inspirados contribuem para companhias mais fortes e economias mais robustas. (...) não se pode ter um bom produto sem que as pessoas gostem de vir trabalhar. (...) se uma empresa maltrata o seu pessoal, imagine como os funcionários tratam os clientes".

Reitera também que, muito mais do que fazer negócios com alguém, é se conectar com as pessoas que acreditam no mesmo que você. "É isso que acontece quando empresas sentem necessidade de pagar megassalários para 'conseguir os maiores talentos'. Essas pessoas não estão necessariamente se apresentando porque acreditam no porquê (propósito) de seu empregador, mas pelo dinheiro."

Muitas pessoas se sentem insatisfeitas, pois não encontram o real objetivo no trabalho e nas empresas na qual estão inseridas. Exercem sua função dia após dia e não veem sentido naquilo que estão fazendo. Nem sempre o problema está na empresa; muitas vezes, o contratempo está nos condicionamentos guardados em nosso subconsciente, em que o padrão é o hábito de reclamar.

Por isso, é importante se trabalhar a inteligência emocional dentro da empresa, de forma que as pessoas aprendam a reconhecer e mudar esses preceitos mentais. Embora saibamos que a motivação é algo que vem de dentro, gestores e líderes podem ajudar os funcionários a se reconhecerem no trabalho e a ressignificarem as suas rotinas.

Frequentemente, por estarmos realizando apenas uma parte do processo na empresa e não vermos o todo ou o impacto do nosso trabalho no conjunto, achamos que ele não é importante. Assim, de vez em quando, é bom lembrar às pessoas o quanto o trabalho que fazem traz resultados no seguimento total. Ao reconhecerem e valorizarem o papel que desempenham, as pessoas sentem-se mais felizes e dão o seu melhor para que a empresa prospere, podendo lhes conceder maiores salários e benefícios.

Assim como na vida, somos apenas uma peça de um grande quebra-cabeças que completa o plano de Deus, que é o único que sabe a figura completa que se formará. Nas empresas, também somos uma peça que completa a obra, seja na função de líder ou liderado, cada um importa. Apesar de não se sabermos todos os detalhes da obra, ter uma noção do todo nos estimula a desempenhar bem o nosso papel.

É muito bacana quando as pessoas percebem que a empresa se importa com elas, que são zelosas com afetividade e as ajudam a ver sentido e propósito no que estão executando. Isso faz com que produzam mais, errem menos e façam o trabalho com maior cuidado e carinho, trazendo, consequentemente, maiores resultados.

Nada mais justo do que tratar alguém como você gostaria de ser tratado. Com isso, há uma equação de troca de interesses, em que todos saem ganhando: os colaboradores entregam com generosidade o seu precioso tempo trabalhando, sentem-se felizes e importantes por estarem contribuindo com uma causa e constroem sua prosperidade; e as empresas se preocupam com elas e as remuneram também.

Para o médico psiquiatra e psicanalista brasileiro Jorge Forbes, a felicidade não é um estado que se compra, se conquista ou que se aprende com fórmulas mágicas ou livros de autoajuda. Ela surge em momentos de satisfação plena, não sendo fruto de merecimento, prêmio decorrente de esforço ou um troféu. É resultado da coragem!

Quando nos referimos à felicidade, não estamos querendo dizer que devemos permanecer em êxtase e alegria o tempo todo. Na verdade, é impossível não termos momentos de tristeza, pois ela é natural e faz parte da vida. O que não é normal é permanecer nesse sentimento por um longo período, uma vez que pode ocasionar depressão, doença que precisa ser tratada. Devido a felicidade ser interior, ela é muito particular. Podemos defini-la como um estado de bem-estar e satisfação na maior parte do tempo.

Numa entrevista do professor e consultor Claudio Tosta, PhD em negócios, ele diz que: "uma pessoa feliz e com boas relações interpessoais é uma pessoa desejada no mundo corporativo". Além disso, afirma que ser feliz é um indicador que melhora o processo e aumenta o lucro líquido das empresas. Retrata ainda que "a felicidade é como uma pedrinha que você joga na água e forma umas ondinhas". Então, o que precisamos fazer para mudar as coisas? Mexer nas pedrinhas para aumentar as ondinhas?

O único ponto que temos certo controle é sobre nossas emoções e sentimentos. Ou seja, muitas vezes não podemos mudar o mundo à nossa volta, principalmente sozinhos, pois somos apenas uma pedrinha num oceano imenso, mas se todas as pedrinhas se movimentarem juntas, vão provocar enormes ondas que poderão influenciar e modificar todo esse oceano. Da mesma forma, a felicidade e o amor são "contagiosos" e podem ser disseminados, assim como seus opostos.

O professor e escritor Leandro Karnal diz que o trabalho passou a ser o termômetro por excelência da felicidade. No entanto, apesar de não ser a única coisa que temos na vida, ele ocupa, geralmente, mais de oito horas por dia. E não dá para sermos felizes só aos finais de semana ou quando estivermos em casa. O normal da vida é estarmos contentes na maior parte do tempo. O contrário disso pode significar que nós ou a empresa estamos doentes, algo que precisa ser tratado com carinho e cuidado.

Pessoas felizes desenvolvem seu ofício com mais amor, cuidam e fazem melhor uso dos recursos, têm melhores relações com clientes, colegas de trabalhos e com seus líderes, e isso reflete nos resultados. Mas quem é responsável pela felicidade nos ambientes de trabalho? Como fazer isso deixar de ser uma utopia?

FIB — FELICIDADE INTERNA BRUTA

Assim como o PIB (Produto Interno Bruto), temos o conceito de FIB — Felicidade Interna Bruta. O FIB foi desenvolvido no Butão, um pequeno país no Himalaia, em 1972, e espalhou-se pelo mundo. As dimensões propostas para a felicidade, segundo seus conceitos são: bem-estar psicológico, saúde, uso do tempo, educação, consciência ambiental, vida comunitária ativa, cultura, padrão de vida etc.

Nas instituições, o FIB pode ser medido por:

1. salários acima ou abaixo da média; bem-estar emocional, com ambientes de trabalho saudáveis;
2. indicadores de saúde física e mental dos trabalhadores, medido, por exemplo, por faltas ao trabalho por motivo de doença ou níveis de estresse;
3. indicador de felicidade social, para verificar o relacionamento com os colegas de trabalho;
4. indicador político, que serve para verificar se as pessoas se sentem ouvidas e se participam das decisões e soluções dos problemas da empresa.

Pedro Paro, professor e pesquisador do Grupo de Gestão de Mudanças da Universidade de São Paulo (EESC/USP) e idealizador da Pesquisa Empresas Humanizadas do Brasil, coordenou um grande estudo divulgado em 2019 sobre o assunto, junto com doutorandos e professores da USP. Tal projeto mostrou que, de médio a longo prazo (de 4 a 16 anos de análise), as empresas consideradas humanizadas chegam a ter rentabilidade duas ou mais vezes superior à média, no que se refere às 500 maiores empresas do país. Nessa pesquisa, as empresas humanizadas também alcançaram um nível de satisfação dos clientes de 239% maior do que as empresas consideradas comuns, obtiveram 224% de aumento do bem-estar entre os colaboradores e elevaram 132% o retorno para investidores e acionistas.

Outro estudo, desenvolvido pelo professor, pesquisador e especialista Andrew Oswald, da Universidade de Warwick, Reino Unido, demonstrou que colaboradores felizes são 12% mais produtivos. A menor felicidade está sistematicamente associada à menor produtividade. Isso evidencia que há uma forte ligação entre o bem-estar e o desempenho.

Outra análise, feita pela professora Sonja Lyubomirsky, da Universidade da Califórnia, EUA, em 2017, apresentou que há um aumento significativo nas vendas e na criatividade dos funcionários quando estes estão mais satisfeitos. Esses estudos demonstram que é louvável investir em ações que deixem as pessoas mais felizes.

A felicidade tem vários conceitos relacionados a ela e, como é um processo interno, é específica de cada pessoa. Investir em atos que promovam contentamento e satisfação nos ambientes de trabalho promove maiores resultados, tanto para os funcionários como para as empresas. Pessoas mais felizes permanecem na companhia. Com isso, os custos de recrutamento, adaptação e *turnover* (taxa de rotatividade) são reduzidos.

Para o homem não existe nada melhor do que comer,
beber e se alegrar no trabalho que realiza.
(Eclesiastes 2:24)

TRABALHAR COM AMOR E EXPRESSAR TALENTOS

Outra questão muito importante é que algumas pessoas colocam todas as suas insatisfações no trabalho, ou seja, o amaldiçoam. Colocam nele a culpa de todas as suas frustrações, quando, na verdade, o problema não é o trabalho em si. Canalizam nele a raiva por não terem espaço na agenda para se dedicarem a algo de que gostam e que as faça felizes, realizadas ou que se sintam contribuindo com o mundo de maneira significativa.

Conhecer os colaboradores que trabalham conosco e saber do que eles gostam para apoiá-los em projetos pessoais pode fazer toda a diferença para que se sintam motivados. Isso porque nos frustramos quando não conseguimos expressar ao mundo a nossa arte e os nossos talentos.

Mas como fazer isso na prática? Permitindo que essas habilidades sejam utilizadas na própria empresa, nem que sejam em projetos paralelos às suas atividades. Por exemplo: se a pessoa gosta de ensinar, crie um momento para que ela compartilhe com as outras algum conhecimento específico. Além de ela ficar feliz, os funcionários sairão beneficiados. Se gosta de cantar, permita que ela expresse a sua arte ali ou a incentive expor em outro lugar. Caso ela queira voltar a estudar ou fazer um curso, apoie-a. Essas contribuições não custam caro para as empresas.

> *Nem sempre é o que fazemos que nos deixa frustrados, mas o que deixamos de fazer por estarmos ocupados demais.*

Ao permitirmos ou incentivarmos os trabalhadores a expressarem suas aptidões e a realizarem seus sonhos, conquistaremos muito mais do que só um braço laboral na empresa. Com isso, eles se sentirão valorizados, tratados com mais humanidade e estarão mais felizes, trabalhando e contribuindo mais e melhor.

Todos nós ganhamos quando as pessoas evoluem. Aquela geração que dava graças por ter um emprego qualquer, que trocava seu tempo precioso por salário, talvez só perdure em tempos de crise. A cultura da organização baseada no conceito de mandar, obedecer e calar porque tem uma fila de gente querendo a sua vaga lá fora, além de desumana, está ultrapassada.

É bom lembrar que os colaboradores, num ambiente de trabalho onde se sentem bem e veem sentido no que estão fazendo, acordam querendo ir para lá, o que é bom. Ficamos grande parte do tempo no trabalho, e é ali que a teoria é aplicada. Compartilhar aprendizados e estimular o autoconhecimento e o desenvolvimento beneficia a todos, visto que somos responsáveis por aqueles que atraímos e cativamos.

Esperamos que essas reflexões ajudem a olhar para a sua empresa e ver se ela é capaz de gerar felicidade para você, seus colaboradores e clientes. O lucro e a prosperidade dela serão as consequências desse processo.

PARA REFLETIR sobre este capítulo:

1. O que isso significa para mim?
2. Como aplicar isso na minha vida e nos meus negócios?
3. A partir disso, qual é a ação que vou tomar hoje?

"Feliz é o homem que empresta com generosidade e que com honestidade conduz os seus negócios."

Salmo 112:5

CAPÍTULO 3

POR QUE AS empresas têm alma?

Analisando a história das empresas, descobrimos que a maioria delas é criada por um motivo maior do que a simples busca pelo lucro. Você pode fazer o bem durante toda a sua jornada, enriquecer a vida das pessoas e ajudar a salvar o planeta — ganhando dinheiro.
(Raj Sisodia)

TÓPICOS ESSENCIAIS DESTE CAPÍTULO:

- Empresas têm alma.
- Empresas precisam ser lucrativas.
- Propósito além do lucro.
- Energia e alma das empresas.
- Cultura organizacional.
- Cuidar da empresa pequena para que cresça.
- Cuidando da alma das pessoas.
- Vigiando pensamentos e emoções.
- Conhecer a si e a Deus.
- Superpoderes pessoais.

Sabemos que nenhuma empresa sobrevive sem lucro, pois vivemos num mundo real onde há fornecedores, colaboradores e acionistas a serem pagos. No entanto, lucro não é tudo. Raj Sisodia e Michael J. Gelb, em seu livro *Empresas que Curam*, destacam que: "É uma irresponsabilidade social de uma empresa não ser lucrativa; uma sociedade livre não pode funcionar sem empresas lucrativas." É importante ganhar dinheiro, mas não a qualquer custo.

ALMA EMPRESARIAL: PROPÓSITO ALÉM DO LUCRO

Muitas empresas buscam um propósito maior, que vai além do lucro. Assim como nossa alma questiona e anseia pela busca de um propósito maior e que nos motive a sair da cama todos os dias, as organizações também precisam de algo além de gerar dinheiro, para que perdurem e tenham sentido de existência.

De acordo com Paulo Oliveira, que é CEO da Bíblia JFA Offline, um dos maiores aplicativos de Bíblia do mundo: "Empreender com propósito é fazer o que Deus me coloca para realizar." Por trás de empresas e negócios estão as pessoas, com seu corpo, alma e espírito. Deus nos colocou aqui com algum propósito maior. E se esse caminho for por meio de negócios, que possamos realizá-lo da melhor maneira possível.

Tudo o que somos e toda a energia que carregamos, levamos para os ambientes que frequentamos. Por isso é dito que as empresas têm alma. Esta é a soma das almas das pessoas que fazem parte dela. Somos seres trinos: espírito, alma e corpo. Os locais onde transitamos captam tudo o que somos, e nós recebemos a energia dos ambientes.

O corpo é o mais visível e fácil de compreender. Ele é o veículo, o instrumento que abriga nosso espírito e alma. Por isso, precisamos cuidar dele, afinal de contas, Deus nos deu um corpo que foi esculpido em especial para cada um de nós, dando a responsabilidade de cuidá-lo.

Em Coríntios 6:12 encontramos: "Tudo me é permitido, mas nem tudo convém. Tudo me é permitido, mas eu não deixarei que nada me domine." Podemos fazer melhores escolhas que deixem o nosso corpo mais saudável.

Tem uma frase muito interessante e famosa dita por Jim Brown, um dos maiores jogadores de futebol americano: "Os homens perdem a saúde para juntar dinheiro, depois perdem o dinheiro para recuperar a saúde. E por pensarem ansiosamente no futuro esquecem do presente de forma que acabam por não viver nem no presente nem no futuro. E vivem como se nunca fossem morrer... e morrem como se nunca tivessem vivido."

As pessoas ficam doentes trabalhando, muitas conseguem economizar e outras não, e se matam de trabalhar para sobreviver. Muitas falam: "não tenho tempo para fazer atividade física, para cozinhar ou fazer uma alimentação saudável", que "só como o que eu gosto", ou então que "dormir é perda de tempo", ou ainda, "não tenho tempo para o lazer".

Não importam quais as desculpas e justificativas que vamos dar, o corpo é uma "máquina" fantástica, mas tem vontade própria também. Quando ele quiser, ele para! Lembre-se de que tudo podemos, mas nem tudo nos convém.

Há a possibilidade de fazer o que quisermos, comer de tudo, beber o que desejarmos. No entanto, Deus nos deu sabedoria para que façamos boas escolhas. Sempre que plausível, tudo aquilo que nos faz mal deve ser tirado da nossa dieta e rotina. O corpo exige a parte do cuidado que lhe cabe, pedindo regularmente o espaço, logo temos a obrigação de mantê-lo.

Em Provérbios 13:20, nos deparamos com: "Quem anda com os sábios será sábio, mas quem anda com os tolos acabará mal." Algumas pessoas com quem você caminha te levam a não ter hábitos saudáveis. Escolha com quem andar, ou seja, você é o elemento de mudança. Afinal, nem toda companhia nos faz bem. Comece a dar o primeiro passo, mude e, com isso, inspire outros.

Tem pessoas que dizem: "O corpo é meu e vou fazer o que eu quiser." Na verdade, o corpo nos foi emprestado, e seremos perdoados pelos nossos erros, mas teremos que arcar com as consequências.

Em 1 Coríntios 6:19, leia-se: "Acaso não sabem que o corpo de vocês é santuário do Espírito Santo que habita em vocês, que lhes foi dado por Deus, e que vocês não são de vocês mesmos?"

Cuidar do nosso corpo não é uma escolha, é uma obrigação. Além disso, caso adoecermos ou quando ficarmos velhos, será necessário alguém para nos assistir, e não queremos ouvir julgamentos: "A pessoa está assim porque não se cuidou." Se mesmo aquelas que têm hábitos saudáveis não estão livres de ficarem doentes, imagine, então, quem não cuida da saúde? Precisamos fazer a nossa parte, pois Deus já fez a Dele, ao nos dar um corpo sadio.

No Salmo 127:2, recita-se: "Será inútil levantar cedo e dormir tarde, trabalhando arduamente por alimento. O Senhor concede o sono àqueles a quem ele ama." Por isso, é importante dormirmos bem o suficiente, nem mais e nem menos.

Então, para que abusar do corpo na juventude? As consequências com certeza virão. No entanto, a decisão está em nossas mãos. A partir de hoje, que hábitos você pode modificar para cuidar melhor do seu templo, que é onde habita o Espírito de Deus? E de que forma você pode incentivar a sua família e os seus colaboradores a fazerem o mesmo?

Por conseguinte, na alma nós abrigamos o eu, a essência, a personalidade, nela está a mente e, de modo consequente, o ego. A penúltima é composta de pensamentos e emoções (num sentido figurado, emoções são o que sentimos no coração). É ali que acontecem as maiores batalhas, e é nela que o inimigo se instala como um vírus para roubar nosso eixo. Quando o ego a domina, por meio do orgulho, do rancor ou da ira, sufoca a parte altruísta da alma, que é pura e quer ser feliz.

Já o espírito é o ponto de contato com Deus, no qual percebemos e podemos criar intimidade com Ele. Ao elevarmos nosso espírito, conseguimos dominar a exacerbação do ego, bem como acalmamos a alma.

Junto a isso, na alma, está também a personalidade, responsável por nossas ações. Na empresa, a alma se estabelece na cultura organizacional, com os costumes, crenças e hábitos, ou seja, na individualidade e no cerne da empresa. Embora a cultura organizacional seja implantada por seus fundadores, cada um que nela trabalha é responsável por uma parte.

À medida que o tempo passa e há a entrada de novas pessoas, devido a morte dos fundadores, por exemplo, os costumes e tradições da empresa vão se modificando. Por isso, torna-se tão difícil permanecer numa organização que seja alicerçada em valores conflitantes aos nossos.

É na alma que se iniciam as dúvidas e angústias de não estarmos realizando o que nascemos para fazer. Da mesma forma, a alma das empresas necessita ter um propósito maior para justificar o porquê da sua existência, que deve ser muito além do lucro.

Muitas vezes, o objetivo está descrito na missão da empresa. Podemos citar alguns exemplos:

1. Disney: "Conduzir nossos negócios e criar produtos de maneira ética, além de fomentar a felicidade e o bem-estar das crianças e famílias, inspirando-as a se juntarem a nós na construção de um futuro melhor."
2. Container Store: "Nosso objetivo é ajudar a ordenar um mundo cada vez mais agitado e caótico. Estamos trabalhando para construir um negócio onde todos os associados possam prosperar juntos."
3. O Boticário: "Nosso propósito é criar oportunidades para a beleza transformar a vida de cada um e assim transformar o mundo ao nosso redor."
4. Google: "Organizar as informações do mundo todo e torná-las acessíveis e úteis em caráter universal."

Lembrando que, dependendo do momento em que você estiver lendo este livro, a missão dessas empresas poderá ter mudado. Assim como os valores, a nossa missão com o passar do tempo pode se alterar. O mesmo acontece com as instituições.

Você pode estar pensando que isso é só para as grandes empresas. Mas não! Tudo o que escrevemos neste livro serve para empresas e negócios de qualquer porte. A essência é a mesma, com as devidas adaptações para cada caso e especificidade.

Na Bíblia encontramos em Mateus 25:21–29: "(...) Bem está, bom e fiel servo. Sobre o pouco foste fiel, sobre muito te colocarei; entra no gozo do teu senhor (...) Porque a qualquer que tiver será dado, e terá em abundância; mas ao que não tiver até o que tem ser-lhe-á tirado". Se quisermos ter mais, precisamos sermos fiéis ao pouco que temos.

Se cuidarmos direito da nossa empresa enquanto é pequena, ela poderá vir a ser relevante e abundante. Portanto, caso no futuro você queira ser grande, precisa fazer as coisas certas desde o início. Na condição de não saber cuidar da mesma desde sua fundação, ela não crescerá. Então, a capacidade de conduzir uma grande empresa só acontece se dominar a gestão quando ainda estiver na fase inicial.

CUIDANDO DA ALMA DAS PESSOAS

Pela nossa condição humana, somos suscetíveis a falhas. À vista disso, muito além das competências técnicas, precisamos desenvolver as competências emocionais. Nas escolas e nas universidades, aprendemos a teoria; no entanto, é nas empresas que vamos praticá-las, vivenciando-as. Lá, poderemos ter um solo fértil e melhorarmos enquanto seres humanos. Assim, as empresas também podem assumir a responsabilidade de estimular o desenvolvimento dos indivíduos e a inteligência emocional deles.

Esse aspecto consiste em observar e compreender emoções e mudar comportamentos a partir disso. E é na mente que estão esses sentimentos. Há coisas que precisamos trabalhar na psique antes de começar a empreender. Caso contrário, quando advirem as primeiras dificuldades, não teremos alicerce para lidar com situações não previstas ou que fujam do nosso controle. Não há como ter sucesso se ficarmos carregando mágoas, baixa autoestima, raiva e outras emoções negativas. Pessoas de sucesso se livram desses pesos que esgotam a nossa energia!

> *Não se conformem com o padrão deste mundo, mas transformem-se pela renovação da sua mente.*
> (Romanos 12:2)

Para aperfeiçoar nossa mente, precisamos primeiro tentar observá-la e acalmá-la. Uma das formas de fazer isso é mediante meditação e oração. Pode não parecer tão simples conforme iniciamos, uma vez que nosso pensamento está acostumado aos padrões que normalmente segue. É necessário persistir e ser consistente para que possamos dar um novo caminho para ela. Isso se faz criando uma rotina, com esses costumes sendo praticados todos os dias.

Que tal colocar um momento coletivo de oração e meditação na empresa? Nem que seja por um minuto, isso é poderoso! Já que passamos boa parte do nosso tempo no trabalho, é onde vivenciamos o que aprendemos na família e na escola. A empresa, portanto, torna-se uma grande experiência!

A seguir, é apresentado seis superpoderes que precisamos desenvolver e que podemos compartilhar com nossos colaboradores.

O PODER DA ORAÇÃO E DA FÉ

Quem já não chegou a um lugar e sentiu uma energia pesada? Isso acontece devido à atmosfera que carregamos para os ambientes. Daí a importância da oração. Não é muito comum as empresas colocarem um ritual de oração antes de iniciar os trabalhos diários. Que tal propor isso para o seu pessoal? Orar juntos, para que todos tenham um dia feliz, harmonioso e produtivo, pode fazer muita diferença no trabalho em equipe.

No entanto, muitos não aprenderam a orar, pois nada adianta repetir palavras decoradas se isso não fizer sentido. Aprendemos muitas coisas na escola, mas não a criar uma intimidade verdadeira com Deus nem a comandar a nossa mente.

Para termos intimidade com alguém, precisamos ficar mais tempo juntos, certo? O mesmo acontece na nossa relação com Deus. Criar proximidade com Ele é dispor de mais momentos juntos, é abrir nosso coração, pedir opinião e sugestão sobre pequenas e grandes coisas, assim como fazemos com nossos amigos mais íntimos.

A fim de resolver os problemas nos nossos negócios, podemos pedir a orientação de especialistas e consultores; no entanto, a decisão final precisa vir de dentro de nós. Faz-se necessário sentir que aquela é a escolha mais acertada. Não é apenas pela racionalidade que tomamos decisões — esta, sim, deve ser considerada, mas não isoladamente. Ao ouvirmos a voz da intuição (a voz de Deus), tomaremos decisões mais corretas. Lembre-se de que tudo aquilo que nos rouba a paz e que nos deixa em dúvida não vem Deus.

Você tem O convidado para fazer parte dos seus negócios ou O tem deixado de fora? Será que só se lembra Dele quando tudo parece estar perdido, quando falta dinheiro ou chegam os problemas? Atente-se de que Deus é nosso melhor conselheiro. Se pedirmos, Ele poderá nos conectar com as pessoas certas que nos ajudarão a buscar a solução das adversidades.

> *Prepara-se o cavalo para o dia da batalha, mas o Senhor é que dá a vitória.* (Provérbios 21:31)

Certa vez, ouvimos de um familiar algo que doeu o coração. Ao falar sobre fé e aconselhar que ele pedisse a Deus para lhe dar um direcionamento, escutamos: “Deixa Deus fora disso!” Talvez tenha sido uma forma de ele dizer que cada um tem que fazer a sua parte, e não só ficar esperando.

Na própria Bíblia encontramos que a fé sem obras é morta. Necessitamos traçar estratégias e tomar as medidas necessárias. No entanto, não temos controle sobre os resultados e precisamos confiar nas instruções de Deus, deixá-Lo agir, e aí então esperar. Confiarmos em nós e na força do nosso braço e achar que somos autossuficientes, que podemos fazer tudo sozinhos é uma atitude um tanto quanto arrogante, certo?

Cada pessoa tem suas crenças religiosas. Desde a infância, somos ensinados a viver segundo uma filosofia específica, em que aprendemos com a figura de um Deus julgador e distante. Para ficar mais claro, vamos exemplificar como isso aconteceu conosco.

Nós tínhamos muitos credos e problemas relacionados aos negócios, ao cuidado com o dinheiro e não conseguíamos prosperar. Já havíamos tido empresas, fomos servidores públicos e professores. Até ganhávamos bem, mas era como se o dinheiro sempre escapasse por entre nossos dedos e a conta bancária estava sempre próxima de zero.

Estudamos muito e achávamos que quando concluíssemos o mestrado e o doutorado em administração finalmente descobriríamos os segredos de como melhorar nos negócios. O que não havíamos dado conta é que na escola nos educam bastante em relação aos conhecimentos técnicos e teóricos, que são bem importantes, mas que sozinhos não garantem o sucesso.

Além desses, precisamos trabalhar a nossa mentalidade e espiritualidade. Quando iniciamos a busca da reconexão espiritual, encontramos pessoas que podem nos orientar nessa caminhada. Podemos dizer que o universo funciona como um algoritmo, trazendo-nos mais daquilo que buscamos.

Nessa jornada, percebemos que os conceitos que tínhamos sobre Deus eram os mesmos que foram implantados em nossas mentes na infância. É mais ou menos como um desenho que fizemos aos cinco anos de idade e com o passar do tempo, por não treinarmos mais, por não aperfeiçoarmos os traços, ele acaba saindo do mesmo jeito de quando éramos crianças.

Precisamos ter a humildade de aprender o "bê-á-bá" mesmo, começando com conceitos bem simples. Por isso, a reconexão espiritual vai acontecendo devagar e deve ser treinada todos os dias, em todos os momentos que pudermos. Deus respeita nosso livre arbítrio e Ele nos encontra no momento em que começamos a recebê-Lo em nossas vidas. Ele sempre está bem perto, aguardando ser chamado. A Ele, podemos recorrer todas as vezes que nos sentirmos angustiados, perdidos, com pensamentos ruins, com medo e, principalmente, para agradecer e pedir orientação.

> *Peçam, e será dado; busquem, e encontrarão; batam, e a porta será aberta. Pois tudo o que pede, recebe; o que busca, encontra; e àquele que bate, a porta será aberta.*
> (Mateus 7:7–8)

Assim sendo, solicite sempre uma orientação a Deus para os seus negócios também. Precisamos ter o cuidado de não nos deixarmos levar por influências negativas que podem agravar o problema pelo qual estamos passando. Deus tem um exército de indivíduos que foram capacitadas por Ele para nos ajudar, porém é indispensável ter humildade para requisitar ajuda. Só ter esperança e não fazer o que é preciso para que as mudanças aconteçam na sua empresa de nada vale; é fundamental criar estratégias que tragam os resultados necessários.

Alguns empreendedores dizem: "mas eu não quero crescer, vou ficar com minha empresa pequena e não me incomodar" ou "eu dou conta do meu negócio sozinho, deixa Deus fora disso". Muitas vezes é a própria mente não querendo que saiamos da zona de conforto, já que não é nada confortável. Quando a mente nos sabota, ela diz que não precisamos crescer, que somos felizes assim e que não demandamos de mais riquezas.

Claro que colocar tudo nas mãos de Deus e não fazermos a nossa parte não vai dar certo, lembre-se de que a fé sem obras é morta. Logo, é acreditar em alguma coisa como se você já tivesse recebido. Já a esperança é o famoso "se Deus quiser, se der certo, tudo bem". São coisas diferentes, na esperança não há comprometimento e na fé é preciso ação. Ter esperança de que as vendas vão aumentar e não tomar nenhuma atitude nesse sentido, não trará os clientes. Sem um espírito fortalecido, quando advirem as dificuldades na sua empresa, qualquer ventinho se transformará em tempestade.

O PODER DO AUTOCONHECIMENTO

Existem muitas armadilhas na nossa mente, pois ela não distingue passado, presente e futuro. Nela, temos um verdadeiro comitê julgador. Dos milhares de pensamentos que a rondam diariamente, grande parte deles são ruins ou negativos. Por isso, podemos observá-los e escolher quais deles vão guiar o nosso dia.

Podemos entender e silenciar a mente com a prática da oração e da meditação, e isso é mais simples do que pensamos. Pode ser apenas se sentando em silêncio ou se concentrando na nossa respiração por poucos segundos. Ao acalmarmos nossos pensamentos, entramos no momento presente, no aqui e no agora, e conseguimos nos conectar com Deus.

Quando formos tomar decisões importantes, podemos consultar Deus e refletir se estamos sendo guiados por nossos valores e se as nossas atitudes estão de acordo com a vontade Dele. Pois toda vez que tomamos uma decisão que fere nossos princípios, sofremos e nos arrependemos. Por exemplo, a honestidade é um valor importante para você e, ao fazer algo que considera desonesto ou mentir, você sofrerá, porque ferirá suas convicções mais essenciais.

Há coisas que você faz hoje que lhe agradam, que você aprecia, que lhe fazem feliz e das quais não quer abrir mão. Desse modo, na ocasião em que pensamos em empreender, vem o medo de ter que nos matarmos de tanto trabalhar, dedicar-se entre doze, quatorze horas por dia ao trabalho, deixar a família de lado, os momentos de lazer ou a saúde. Acontece que se não tivermos um mínimo de equilíbrio entre todos os pilares da vida, como saúde, família, relacionamentos, espiritualidade, lazer e trabalho, logo vamos querer desistir.

> *Do excesso de trabalho vem o sonho agitado.*
> (Eclesiastes 5:3)

Quem disse que a jornada empreendedora precisa ser um castigo? Talvez porque a vida toda aprendemos que é preciso trabalhar duro para ganhar dinheiro, ou que é muito difícil obtê-lo, ou ainda que "Deus ajuda a quem cedo madruga", que é preciso fazer muito esforço, ou seja, que o processo tem que ser penoso.

Essas coisas que foram colocadas em nossa mente e que acreditamos como verdades são o que chamamos de crenças. Elas ficam impregnadas no nosso inconsciente e a partir delas seguimos nossa jornada.

Não é trabalhando muito que o sucesso vem, e sim de maneira certa e com estratégia!

O PODER DA GRATIDÃO E DA MEDITAÇÃO

A gratidão bloqueia a entrada de pensamentos negativos que possam interferir nas nossas emoções e na tomada de decisões. A partir disso, é muito bacana começar o dia agradecendo tudo o que você tem de bom e determinar como quer que seja o seu dia.

Assim, você não será devorado pela ansiedade e pelo ritmo do relógio. Agradeça o que já tem e àquilo que deseja ter, como se já fosse real. Isso vai fazer com que sua mente fique aberta para receber os presentes que o universo lhe trouxer cotidianamente.

> *Dando graças constantemente a Deus Pai por todas as coisas, em nome de nosso Senhor Jesus Cristo.*
> (Efésios 5:20)

Um exercício bacana é escrever dez coisas pelas quais você pode ser grato todos os dias. Seja agradecido por ter acordado hoje, pelas pessoas incríveis que trabalham com você, por aquelas que vão te ajudar com o seu trabalho, pela família, pelos alimentos, por este livro que você está lendo agora, pela sua saúde... Afinal, são tantas coisas e a cada dia você vai aumentando a sua lista. Parece um hábito simples, mas que faz toda diferença na nossa energia e frequência vibracional.

No livro *O Poder do Agora*, Eckhart Tolle diz que: "Muitas pessoas estão aprisionadas em suas mentes, que a beleza da natureza não existe para elas." Ora, o universo nos dá espetáculos sempre. No entanto, estamos tão inconscientes, mergulhados e identificados com a nossa mente que nem percebemos. Nossa psique está acostumada a receber as descargas rápidas de dopamina do cérebro, com notícias, novidades, como aquelas doses que recebemos e que nos viciam, como olhar as mensagens do celular ou os *likes* nas redes sociais. Para ter essas mesmas sensações observando a natureza, é preciso desviar o foco de atenção das telas, contemplar e silenciar.

Algumas pessoas dizem: "Eu não consigo meditar, isso não funciona para mim." Porém tudo é um processo que precisamos repetir, de forma rotineira, para mudar a nossa programação mental. Por via de regra, somos pensadores compulsivos e a mente nunca para. Quando meditamos, ela vai aprendendo a se silenciar.

Meditar não é parar a mente, e sim observar os pensamentos, deixá-los passar sem se apegar a nenhum deles. Com persistência, conseguimos aprender a modificar nossos padrões mentais. Quando oramos, falamos com Deus; quando silenciamos, Ele fala conosco.

Se não soubermos a acalmar aquele barulho mental que temos logo pela manhã, vamos levá-lo para nosso negócio. A energia que carregamos para os ambientes contagia outras pessoas. Então, se começar o dia estressado, preocupado e no piloto automático, é essa atmosfera que você vai transportar consigo. Isso vai interferir na sua produtividade, nos relacionamentos, negócios e resultados.

Eckhart Tolle fala também que a nossa infelicidade polui nosso ser, os que estão à nossa volta e a psique coletiva humana. "A poluição do planeta é apenas um reflexo externo de uma poluição interior psíquica gerada por milhões de indivíduos inconscientes, sem a menor responsabilidade pelos espaços que trazem dentro de si."

Estar inconsciente interiormente é nos deixarmos dominar pela mente, em vez de simplesmente observá-la. Nós não somos a nossa mente! Quando nos tornamos observadores dela e dos nossos comportamentos, o inconsciente é trazido à luz e nos tornamos conscientes. Ao passo que chegamos a esse estado, estamos no momento presente, lugar onde deveríamos permanecer na maior parte do tempo.

É por meio da mente que o mal ataca a alma, colocando pensamentos repetitivos e muitas vezes ruins, que nos incitam ao medo e às dúvidas e nos roubam a paz. Quando sentimos isso e tudo parece estar pesado, a meditação e a oração têm o poder de restabelecer a paz interior.

Por isso a importância de criar um ritual, com hábitos saudáveis pela manhã, antes de sair correndo, de forma atropelada para o trabalho. Alimentar corretamente o corpo, a mente e o espírito ao alvorecer nos dará uma energia vital extra e nos conduzirá a um dia mais produtivo e feliz. Crie a sua rotina matutina. São minutos preciosos em que você se conecta com Deus e que fará toda diferença.

O PODER DO AUTOAMOR E DA AUTOCONFIANÇA

Uma coisa interessante é valorizar o nosso negócio, a nossa empresa. Parar de ficar se comparando com a concorrência e fazer sempre o melhor que podemos. Se não sentirmos amor e orgulho do que vendemos ou do serviço que prestamos, como os clientes irão reconhecer?

Normalmente, somos muito críticos e rígidos conosco. Cobramo-nos e nos julgamos o tempo todo. Por isso, faz-se necessário sermos mais gentis e afetuosos com nós mesmos. Para potencializar isso e deixar nossa mente mais positiva, é bom fazer elogios e afirmações positivas diárias, tais como:

- Em vez de dizer que procrastina, diga: eu termino tudo o que começo e que seja importante para mim, para a minha empresa e para o bem das pessoas que me cercam.
- Em vez de achar que não é uma pessoa boa o suficiente, diga: eu procuro ser uma pessoa melhor a cada dia, seja na família, nos meus relacionamentos ou no meu trabalho.
- Em vez de ficar com raiva de ter que fazer alguma atividade chata, mas que precisa ser feita, diga: eu coloco amor e intenção positiva em tudo o que faço.
- Em vez de ocupar a mente pensando que falta dinheiro, diga: eu, meus negócios e as pessoas que trabalham comigo prosperam a cada dia.
- Em vez de ver só defeitos em você e nos outros, diga: sou uma pessoa única e especial e vejo o melhor em cada um.

> *Se te mostrares fraco no dia da angústia, é que a tua força é pequena.* (Provérbios 24:10)

Ressalte as características boas que você tem. Nada de dizer para si que procrastina, que não consegue, que tudo é difícil. Caso sua mente lhe traga algo negativo, transforme-o em algo positivo. A começar de agora, cancele pensamentos que desvalorizem você, sua equipe, sua empresa ou seus produtos e serviços.

Mas como fazer isso? É simples. Por exemplo, cada vez que vier a sua cabeça um pensamento negativo sobre si, seja do seu corpo ou das suas atitudes e comportamentos, diga para si mesmo: está cancelado esse sentimento de baixa autoestima! A partir de hoje, eu reconheço o meu valor, me amo e me aceito do jeito que Deus me fez!

> *Porque Deus não nos deu o espírito de temor, mas de fortaleza, de amor e de moderação.* (2 Timóteo 1:7)

O PODER DO PERDÃO

Como gestores, vamos errar muito, e isso faz parte do processo de aprendizado. Por isso é importante que não fiquemos nos punindo o tempo todo quando cometermos algum erro. Aprenda com eles e não gaste energia se penalizando. Isso vale para com as outras pessoas que trabalham conosco: precisamos aprender a perdoar nós mesmos e os outros.

O perdão alivia o peso que carregamos nas costas e nós somos os mais beneficiados. Não dá para termos um negócio de sucesso se ficarmos carregando lixo na mente, no lugar de ideias criativas. Afinal, nós escolhemos o que queremos levar para nossa casa, para nossa alma e nosso coração.

Há pessoas importantes que precisamos perdoar: nós mesmos, pelos erros e pelas escolhas inadequadas que fizemos no passado, dado que agimos da melhor maneira possível naquele momento; nossos pais, pois eles fizeram o melhor, de acordo com as condições que tinham.

Temos que perdoar no pensamento e no coração. Se achar necessário ou mesmo possível, é bom fazer isso concretamente, enviando uma mensagem para a pessoa, por exemplo. Faça isso para quem já foi e quem ainda está neste plano. No entanto, perdoar não significa se submeter ao tratamento inadequado ou desrespeitoso de alguém. Lembre-se de que devemos escolher com quem queremos andar.

Constantemente, temos feridas profundas que precisam ser tratadas com a ajuda de terapeutas, psicólogos, psiquiatras, padres, pastores ou outros profissionais especializados. Não podemos ser negligentes e precisamos buscar ajuda.

Embora Jesus tenha morrido na cruz para que fôssemos perdoados e salvos, sabemos que vamos errar diversas vezes, e praticar o perdão será algo contínuo em nossas vidas. Podemos buscar Deus e conversar com Ele para que nos alivie o peso que tanto machuca a nossa alma, seja quando erramos ou quando alguém erra conosco.

> *Tu és bondoso e perdoador, Senhor, rico em graça para com todos os que te invocam.* (Salmo 86:5)

Mas, de maneira esporádica, somos muito orgulhosos e temos resistência a perdoar. Se Deus absolve todos os nossos pecados, quem somos nós para não desculpar? Nas empresas, há gestores que punem seus colaboradores quando cometem alguma falha, tornando-se algozes, fazendo verdadeiras torturas psicológicas, no momento em que um erro acontece. Em vez de reforçar as coisas positivas que a pessoa faz, o foco é colocado nos deslizes.

O mesmo acontece com alguns funcionários, que depositam muitas expectativas nos líderes e gestores e gostariam que eles sempre fossem perfeitos. Dá para perdoar quando alguém está com problema em casa e chega no escritório de mau humor, não é?

Em vez disso, muitas vezes levamos para o lado pessoal, quando, na verdade, a outra pessoa apenas não estava "em um bom dia". Em geral, nem precisa haver motivos aparentes para não estarmos bem, pois as maiores batalhas que temos que lidar e que nos desequilibram estão em nossa mente e em nosso espírito.

Tem uma passagem na Bíblia que é muito marcante: "Portanto, se trouxeres a tua oferta ao altar, e aí te lembrares de que teu irmão tem alguma coisa contra ti. Deixa ali diante do altar a tua oferta, e vai reconciliar-te primeiro com teu irmão e, depois, vem e apresenta a tua oferta" (Mateus 5:23–24). A falta do perdão nos aprisiona. Por isso, não será possível termos nossos pedidos acolhidos por Deus e prosperarmos se não praticarmos a desculpa e não pararmos de ser tão julgadores com nós mesmos e com os outros.

> *Não julguem, para que vocês não sejam julgados. Pois da mesma forma que julgarem, vocês serão julgados; e a medida que usarem, também será usada para medir vocês.* (Mateus 7:1-2)

Antes de tudo, precisamos lembrar que não somos somente profissionais. Todos temos uma vida, cheia de desafios e superações. Continuadamente, esquecemos nossa história e nem sequer mostramos interesse em conhecer a das pessoas que convivem conosco, no trabalho ou em casa.

Precisamos lembrar que a pessoa que abraçamos agora pode não ser mais a mesma que abraçamos há dez anos. Ou será que só nós temos a capacidade de melhorar? Você pensa e age da mesma forma que dez ou vinte anos atrás? A vida não te ensinou nada? Todos temos sombras e luz na nossa história. No entanto, é buscando em Deus e com autoconhecimento que evoluímos mais rápido.

O PODER DO PROTAGONISMO

Tenho certeza de que você já passou por muitos desafios na sua vida. Momentos de dor e sofrimento e que várias vezes teve que ressurgir das cinzas. Quantas ocasiões você achou que estava só e não percebeu que Deus estava ali do seu lado te amparando e te dizendo: "Filha/Filho, você nasceu para ser feliz! Eu estou aqui, confie! Eu tenho planos melhores para você"?

Se as coisas estiverem difíceis aprenda na Bíblia, com a história de Jó, um grande exemplo de desafio, de superação e de fé. Jó era um homem muito próspero. No entanto, perdeu seus bens, seus dez filhos morreram, todos juntos num desastre, e ele perdeu a saúde, tudo em sequência. Entrou em profunda depressão, e os poucos amigos que sobraram aproximavam-se dele julgando-o e dizendo que ele era culpado por aquele sofrimento, pois ele deveria ter feito alguma coisa errada.

Porém Deus mesmo dizia que Jó era íntegro, fiel e irrepreensível. Apesar de todo o sofrimento, ele se manteve fiel ao Senhor, que era sua força e refúgio e nunca o amaldiçoou. Passar por aquela dor foi a forma de provar a sua fidelidade a Deus. Por ter mostrado puro amor e ter mantido a adoração (não o fazia por interesse), Deus o recompensou dando-lhe o dobro da prosperidade que tinha antes, assim como mais sete filhos e três filhas.

Outro aprendizado é que não se deve colocar ninguém e nenhuma situação acima de Deus em nossas vidas. Nenhuma pessoa pode ser o nosso sol. Devemos guardar nosso coração e não dar ele para alguém cuidar.

> *Sobretudo o que se deve guardar, guarda o teu coração, porque dele procedem as fontes da vida.* (Provérbios 4:23)

Pergunte a uma mãe quem é o maior amor da sua vida e você verá muitas delas respondendo: "Como assim? O meu filho, é claro!" Só podemos dar amor de verdade quando sentimos amor por nós mesmos. Lembre-se, está na Bíblia: "Ame o próximo com a ti mesmo." Primeiro amamos a Deus, depois a nós mesmos e, depois, o outro. É como as instruções que recebemos no avião sobre as máscaras de oxigênio: primeiro coloque-a em você para depois ajudar os outros.

> *Ame o Senhor, o seu Deus de todo o seu coração, de toda a sua alma e de todo o seu entendimento. Este é o primeiro e maior mandamento. E o segundo é semelhante a ele: ame o seu próximo como a si mesmo.*
> (Mateus 22:37-39)

Em termos de relacionamento, uma escolha impensada pode nos colocar numa prisão psíquica. Uma decisão, por mais dolorosa e difícil que seja, muda toda a nossa história. Isso vale em todos os relacionamentos que atraímos para nossas vidas: com parceiros, cônjuges, sócios, fornecedores e colaboradores. Podemos escolher com quem queremos e devemos andar e quem temos que deixar ir. Decisões difíceis requerem uma grande dose de coragem!

> *Pois Deus não nos deu espírito de covardia, mas de poder, de amor e de equilíbrio.* (2 Timóteo 1:7)

Para sair das prisões que nos colocamos, precisamos de ajuda da família, dos verdadeiros amigos e de profissionais especializados, pois nem sempre conseguiremos sozinhos. Por isso, aprenda a pedir auxílio quando precisar! Mostrar a nossa vulnerabilidade pode ser a maior demonstração de força que temos.

Decisões ligadas a relacionamentos amorosos são as mais difíceis de se tomar, haja vista que, ao decidir, não há certezas ou garantias de que fizemos a escolha certa e só o tempo poderá dizer. São escolhas difíceis para o nosso coração, mas necessárias.

Algumas pessoas que encontramos são como barqueiros que estão na nossa vida para uma travessia. Um tempo necessário até que decidam não continuar o trajeto juntos. Isso vale para relacionamentos pessoais, conjugais e para sócios.

É importante avaliar as pessoas à nossa volta para ver se estão nos ajudando a crescer ou se estamos nos permitindo ser "segurados" por ela. Recordar que tudo o que está na nossa vida é de nossa responsabilidade pode ser libertador, pois, se é assim, somos capazes de escolher nosso destino. Controlamos a decisão de extrair de cada experiência um aprendizado. Algumas pessoas nos dão amor, outras vêm para nos ensinar alguma coisa.

Aprendemos que a felicidade e o sucesso podem estar a alguns passos, esperando somente nossa decisão. As oportunidades se encontram onde menos imaginamos. No entanto, cada um sabe a hora de tomar o veredicto, no seu tempo individual. Quando as coisas não saem conforme o idealizado, é bom refletir sobre isso, extrair os aprendizados e recomeçar.

Sem contar que, em várias ocasiões, pensamos que não temos sucesso nos nossos negócios ou na carreira por culpa do marido ou da esposa... Já algumas pessoas acham que é porque não têm marido ou esposa... esquisito, não? Contamos uma mentira para nós mesmos e passamos a acreditar que não temos sucesso, porque ninguém nos apoia.

Quem é a primeira pessoa que deve te apoiar? Você! E, se mais pessoas fizerem o mesmo, aí fica melhor! Você já tem a aprovação e apoio de Deus, é isso que importa!

Até quando você vai se medir pelo olhar do outro? Ficar o tempo todo se preocupando com o que vão pensar ou falar sobre você ou sobre os seus serviços não vai lhe fazer bem.

É claro que, em termos de negócios, precisamos ficar atentos ao nível de satisfação dos nossos clientes. Empresas e negócios são feitos por pessoas que carregam tudo o que são, suas sombras e sua luz. Caso não trabalhemos a nossa inteligência emocional, não tivermos construído nossos negócios em bases sólidas, fundamentados na conexão com Deus, é como se estivéssemos construindo uma casa de palha, que, ao sinal do primeiro vento forte, sucumbirá.

Você se importa demais com o que os outros vão pensar de você?

Nossas escolhas, apoiadas nos outros, interferem em nossa autoestima e autoconfiança. Nós não somos o centro do universo, as demais pessoas têm a vida delas para cuidar.

Temos, por vezes, uma criança interior que não se sentiu amada e por ter medo da rejeição procura buscar aprovação dos outros. Isso faz sentido para você? Procure pensar em alguma situação da sua vida, algo que teve vontade de realizar e que não fez por receio do que "os outros" iriam pensar? Estes "outros", regularmente, são os nossos próprios pensamentos, pois temos na cabeça um verdadeiro comitê julgador.

Por que abordamos isso? Por conta de que, se os nossos sentimentos não forem bem trabalhados, interferirão em todas as áreas da nossa vida. No quesito profissional, teremos apreensão ou vergonha de vender, não saberemos cobrar e dar valor aos nossos produtos e serviços. Teremos pavor de aparecer, de nos expor e de mostrar nosso trabalho, para não corrermos o risco de sermos julgados ou rejeitados.

Como trabalhar isso? O primeiro passo foi dado. Se prosseguiu com leitura deste livro até aqui, é porque o conteúdo está fazendo sentido para você. Está olhando para si, ou para as pessoas ao seu redor, a fim de descobrir o que pode ser melhorado.

Caso tenha tudo isso equilibrado dentro de você, saiba que nem todas as pessoas que vai contratar ou negociar estarão com essas questões resolvidas. Lembre-se de que, ao admitir alguém, a pessoa vem inteira, com seus medos e inseguranças.

Como líderes, temos a obrigação de buscarmos a cada dia a nossa melhor versão. Para querermos que as pessoas também deem o seu ideal, precisamos ajudá-las a se conhecerem mais e a terem uma ótima versão de si. No entanto, se não olharmos com carinho para nós, como vamos cuidar de outras pessoas e dos seus negócios?

Os indivíduos confiam e seguem chefes verdadeiros! Podemos ser líderes e gestores que aprendem e ensinam, instruindo nos processos e no cumprimento de regras, além de inspirar e ensinar outras pessoas a buscarem sempre progredir.

PARA REFLETIR sobre este capítulo:

1. O que isso significa para mim?
2. Como aplicar isso na minha vida e nos meus negócios?
3. A partir disso, qual é a ação que vou tomar hoje?

"Pois o Senhor é quem dá sabedoria; de sua boca procedem o conhecimento e o discernimento."

Provérbios 2:6

CAPÍTULO 4

AMOR E ALMA nas pessoas

Assim nós, que somos muitos, somos um só corpo em Cristo; mas individualmente somos membros uns dos outros. (Romanos 12:5)

TÓPICOS ESSENCIAIS DESTE CAPÍTULO:

- Líderes com alma.
- Excesso de controle sobrecarrega e cria colaboradores dependentes.
- Instrução de como desejamos que o trabalho seja feito.
- Pessoas nos seguem pela transformação que geramos nelas.
- Aprendizagem e estimulação do autoconhecimento.
- Pertencimento, acolhimento e crescimento.
- A importância da positividade.
- Conhecimento dos colaboradores.
- Humildade e feedback.

Diversos artigos científicos tratam temas relacionados ao lado es-piritual das empresas e dos negócios. Esses conceitos estão ligados à confiança, harmonia, valores e sentido do próprio trabalho. De acordo com a pesquisadora Jennifer J. Laabs, em seu artigo *Equilibrando Espiritualidade e Trabalho*, além de as pessoas quererem se sentir produtivas e eficazes, necessitam encontrar significado naquilo que fazem.

Assim, não há como uma pessoa querer separar vida pessoal e trabalho. Isso tudo acontece com o mesmo indivíduo que tem espírito, mente e corpo. O que ocorre no ambiente de trabalho reflete em casa e vice-versa.

O que queremos? Mais tempo para nós, para a família, para cuidar e fazer coisas de que gostamos, além do trabalho. Então, se a empresa quiser todo tempo dedicado a ela, sem considerar as necessidades pessoais, logo os colaboradores se cansarão e buscarão outros locais para trabalharem ou não trabalharão com a mesma dedicação.

O que buscamos no ambiente profissional? Pertencimento, acolhida, possibilidade de evolução, de uso dos nossos talentos, de servirmos, de fazermos o que gostamos e sermos bem remunerados por isso. Bem como, o desejo que temos de ver relevância no trabalho que realizamos e, é claro, agradar aos nossos líderes.

Algumas pessoas acreditam ser utópico pensar que exista essa unidade nas empresas, em que os indivíduos possam ser felizes na sua função e que a empresa seja próspera e lucrativa. No entanto, as grandes atuações do ser humano vieram de indivíduos que ousaram sonhar e acreditaram em algo diferente que levaria a outros caminhos.

Como exemplo, podemos citar Martin Luther King, que proferiu o discurso: "Eu tenho um sonho (...) de que nossos filhos não serão julgados pela cor de suas peles, mas pelo conteúdo de seu caráter". Essa mudança de mentalidade está em processo e um dia deixará de ser apenas um anseio. Para termos transformações no mundo das empresas e organizações, é preciso que cada um ouse sonhar e se movimente.

LÍDERES COM ALMA

Ter bons líderes nos ajuda a vencer a preguiça, sair da zona de conforto e vencer a procrastinação. Se você que comanda uma equipe, compreende como se autolidera; isso poderá melhorar o relacionamento consigo e com seus colaboradores, uma vez que pessoas felizes dão maiores resultados.

O maior líder que a humanidade já teve foi Jesus Cristo. Conforme se observa nas escrituras bíblicas, Ele era um dirigente que ensinava, orientava e, principalmente, cobrava responsabilidades e obediência aos mandamentos. Podemos aprender com Ele a importância de termos humildade e buscar sabedoria. Jesus é amoroso, não julga, nos ama e nos incentiva ao crescimento.

Em Mateus 20:25–28, Jesus disse: "Vocês sabem que os governantes das nações as dominam, e as pessoas importantes exercem poder sobre elas. (...) como o Filho do homem, que não veio para ser servido, mas para servir e dar a sua vida em resgate por muitos." Por isso, antes de nos servirem, precisamos ter humildade e aprender a servir.

Muitas vezes, levamos para nosso ambiente de trabalho aquele medo infantil relacionado às figuras de autoridade e nos submetemos a tratamentos desrespeitosos ou inadequados. Enquanto líderes ou liderados, não precisamos sentir receio da autoridade de outras pessoas. Talvez, quando crianças, não tivemos essa liberdade, mas no mundo adulto é crucial estabelecermos os limites da relação profissional, esclarecer a forma como esperamos ser tratados e saber o que a empresa espera de nós.

Os colaboradores precisam ser lembrados de por que a empresa existe, qual é a importância do trabalho de cada um, a quem eles ajudam e seu papel nesse sistema, de maneira que façam o que precisa ser feito. Mas não por medo de serem punidos, e sim porque compreendem a sua função e se unem à causa.

Bons salários, reconhecimento, promoções e premiações são bons jeitos de conquistar a racionalidade das pessoas, o cérebro. No entanto, não garantem a fidelidade. Assim como nos relacionamentos, proporcionar luxo e riqueza para alguém não garantirá nem lealdade nem a permanência, pois, para conquistar um coração, é preciso algo que vá além disso. E é aí que entra o motivo, o algo a mais, a causa maior, que faça com que fiquemos. Só se manter e não gerar movimento e transformação também não é o suficiente.

> *Quem acorda feliz para ir ao trabalho é um profissional mais produtivo e mais criativo. Voltam para casa mais felizes e têm famílias mais felizes. Tratam melhor os colegas, clientes e consumidores. Funcionários inspirados contribuem para companhias mais fortes e economias mais robustas.* (Simon Sinek)

Não somos nós que mudamos o mundo, mas o gesto que exercemos nessa direção. As pessoas o seguem pela ação que você faz, pelo propósito, pelo sonho que carrega, não só porque você é bonito ou pelo cargo que ocupa. Enfim, são pelas transformações que seu movimento gera nelas.

> *Como vocês querem que os outros lhes façam, façam também vocês a eles.* (Lucas 6:31)

De acordo com o líder e escritor Márcio Fernandes, quando o chefe é controlador demais, acaba gerando colaboradores dependentes. Isso faz com que ele se sobrecarregue. Ao dar autonomia às pessoas, os líderes se liberam para focar as ações que realmente cabem a eles.

Para tal, é preciso instruí-los corretamente e deixar claro como desejamos que o trabalho seja feito ou qual é o resultado esperado. Quando há uma relação de respeito e confiança, abre-se espaço para uma conexão honesta, em que os erros não serão ocultados, como ocorre nos vínculos baseados no medo e na punição.

Será que as pessoas que trabalham com você são fiéis ou qualquer proposta salarial melhor as faria trocar sua empresa por outra? Se isso acontecer, se o único motivo pelo qual houver essa troca for financeiro, então há grandes problemas aí. Será que elas não veem na sua empresa uma forma de ajudá-las a crescer, a fim de alcançarem maiores salários, por exemplo?

Nem todas as pessoas que trabalham com você querem empreender ou ter o próprio negócio, embora todas desejem estar felizes e encontrando propósito no que estão realizando. Por isso, não tenha medo de que elas progridam. Algumas permanecerão e outras irão embora, isso é normal. Outras poderão até tornarem-se sócias ou parceiras no negócio, caso acreditem no mesmo porquê.

Enquanto líderes, sabemos que nunca vamos agradar a todos. É preciso estar ciente disso. Jesus é perfeito, e nem todos estão dispostos a compreendê-lo e aceitá-lo em suas vidas, que dirá fazer isso conosco. Nem por isso podemos deixar de dar o nosso melhor. Também é necessário ter autocuidado e não se cobrar por perfeição. Aceitar que, na qualidade de líderes, também podemos mostrar nossa vulnerabilidade e não achar que devemos ser sempre ideais.

Há líderes que são extremamente rigorosos com eles mesmos, julgam-se e se cobram demais. Perdoam as falhas de outras pessoas facilmente, mas, quando erram, são intolerantes com eles próprios. A cobrança e o nível de perfeição muito alto causam estresse e sofrimento. Essa autoexigência pode estar relacionada com a necessidade de agradar e de ser aceito.

Por isso, é muito importante o cuidado intrínseco e a confiança no que nos propomos a fazer, por meio do melhor que podemos, com os recursos que dispomos. Compreender como nos lideramos, melhora o relacionamento conosco e com os outros. Quem se ama e se respeita, tem mais capacidade de transmitir os seus conhecimentos a outrem, sendo mais feliz e entregando maiores e melhores resultados. Você é um bom líder para si?

Diante disso, seguem seis ações para ser mais gentil consigo mesmo e que podem ser compartilhadas com toda equipe:

- **Ação 1** — autoconhecimento: procurar saber quem somos, do que gostamos ou como gostaríamos de sermos tratados, quais são os nossos pontos fortes e os que precisam ser aprimorados, focar aquilo que de fato somos bons e, se for preciso, melhorar as habilidades naquilo que ainda não atingimos excelência. Para tanto, é necessário conhecer nossas limitações.

  À medida que nos conhecemos de verdade, passamos a observar como nossos pensamentos e emoções se refletem em nossas ações. Todos nós temos alguns "venenos" que carecem de alguns antídotos para nos curarmos. São sentimentos que acometem a todos os seres humanos: raiva, apego, ignorância, inveja e, principalmente, orgulho. Tais perversidades atrapalham muito as relações pessoais. Sentir raiva é algo normal, o que fazer com ela é que pode determinar os resultados.

  > *O Senhor conhece os pensamentos do homem, e sabe como são fúteis.* (Salmos 94:11)

- **Ação 2** — observar os pensamentos: devemos saber acolher as nossas emoções. Quando estivermos com um sentimento que nos incomode, temos que parar e tentar compreender o motivo que o gerou. Com base nisso, precisamos tentar resolver o problema. Orai e vigiai vossos pensamentos!

  Às vezes, temos dentro da nossa mente muitas vozes julgadoras e não sabemos qual delas seguir. Torna-se essencial assumirmos o comando dos nossos pensamentos e não deixarmos que eles nos dominem. Uma forma eficiente de aprender isso é por meio da oração e da meditação.

- **Ação 3** — aceitar-nos do jeito que somos: há coisas que não podem ser mudadas, como algumas características físicas ou comportamentais. Porém isso não pode ser desculpa para que não melhoremos condutas inadequadas para viver em sociedade e nem para deixar os cuidados com o corpo e a mente. Zelar a si e se arrumar eleva a autoestima.

> *(...) O Senhor não vê como o homem: o homem vê a aparência, mas o Senhor vê o coração.* (I Samuel 16:7)

- **Ação 4** — respeitar as próprias limitações: é importante que nos permitamos ter novas experiências e humildade conosco. Devemos nos compreender e nos perdoar também pelos erros que cometemos. Também necessitamos de paciência com nosso ritmo de aprendizado e de trabalho; cada um tem um tempo e uma forma de obter conhecimento e de entregar resultados. No entanto, é importante gerir bem esse período e ficarmos atentos aos prazos que não puderem ser prorrogados.

> *As palavras suaves são favos de mel, doces para a alma e saúde para os ossos.* (Provérbios 16:24)

- **Ação 5** — gerenciar a nossa agenda, planejar o dia e organizar o tempo: começar o dia orando, meditando e agradecendo a Deus por mais uma oportunidade acalma os barulhos da mente e nos ajuda a focar o que é essencial. Depois, iniciam-se as tarefas mais importantes, evitando perder tempo com afazeres rotineiros nos horários de maior criatividade e atenção.
- **Ação 6** — focar o positivo: já pensou se tudo o que você pensasse se materializasse? Seria uma catástrofe! Diariamente, temos muitos pensamentos, e a maioria deles não tem nenhuma utilidade. Não podemos controlá-los, pois eles simplesmente vêm à mente sem que autorizemos. Então, como contê-la?

A nossa mente é boa conforme a utilizamos como ferramenta e não quando a deixamos no comando. Nossa mente sempre está querendo nos proteger dos perigos, sejam eles reais ou imaginários. Ela também quer nos resguardar das mudanças, porque sabe que isso nos tira da zona de conforto.

Algumas pessoas acham atraente focar o negativo. Percebe-se isso durante o cotidiano na mídia, onde se dá mais atenção às coisas ruins, ao invés de fixar no positivo e nos bons exemplos.

> *Vigiai e orai para que não entreis em tentação; na verdade, o espírito está pronto, mas a carne é fraca.*
> (Mateus 26:41)

Shawn Achor, autor do livro *O Jeito Harvard de Ser Feliz*, cita que é incentivado nas escolas a competição e o foco no trabalho acadêmico, nas pressões e nas reclamações. No ensino médio, por exemplo, há aulas sobre bullying, depressão, prevenção às drogas, gravidez na adolescência e distúrbios alimentares. Ou então, na semana de saúde, falam só de doenças; na semana de cuidados no trânsito, só de acidentes. É centralizado nas coisas negativas ao invés de se ter uma semana de bem-estar, de saúde ou aulas sobre felicidade. Com isso, os ambientes escolares deixam de parecer ambientes seguros.

Ele fala que precisamos mudar a fórmula da felicidade e do sucesso. Pois, na maioria das escolas e empresas, o paradigma é: se eu trabalhar duro, serei bem-sucedido, então serei mais feliz. Tudo necessita ser difícil e sofrível para ter valor. Dessa forma, a felicidade sempre fica do lado oposto do sucesso. Ao tirar boas notas, faz-se indispensável tirar outras melhores, ou seja, nunca vai estar bom o bastante. Assim, sempre empurramos a felicidade para o futuro, passando a ser um sonho distante.

Nas empresas, geralmente, acontece o mesmo, colocam-se metas difíceis de serem atingidas e o trabalho passa a ser visto como algo árduo, pesado e exaustivo. Muitos colaboradores passam a semana ansiosos por mais um final de semana, alegrando-se com a chegada da sexta-feira e ficando deprimidos no domingo à noite.

De modo frequente, envolvemo-nos em tantas atividades que abandonamos os nossos sonhos ou achamos que não temos tempo para eles. Nem mesmo dentro da família conhecemos os anseios das pessoas que vivem conosco. Ter ambições e objetivos nos traz esperança; ter fé nos impulsiona a realizá-los!

As pessoas poderão sair das empresas por não verem suas habilidades e talentos aproveitados. Sabe aquela sensação de que nascemos para algo mais? Não é que não gostamos do nosso trabalho, é que nossa alma fica sufocada por não termos um espaço para criarmos e trabalharmos em algo que nos conecte à nossa essência.

Você conhece os talentos e os *hobbies* das pessoas que trabalham com você?

Certa vez, numa escola, a diretora estava estressada, então chamou dois alunos para cantarem para ela, no meio da aula. Achamos estranho, mas depois compreendemos. Ela estava irritada e, como conhecia bem o dom dos alunos, chamou-os para alegrá-la. Depois de ouvi-los, ela sentiu-se melhor e os alunos ficaram honrados, pois ela incentivou que suas aptidões fossem manifestadas na escola.

Na Bíblia, Davi (que depois se tornou rei) tinha muitos talentos, além de tocar harpa, era poeta e escreveu grande parte dos Salmos. Também derrotou o gigante Golias com uma pedra, pois mesmo não tendo habilidade com armas, sabia usar bem a atiradeira.

> *Sempre que o espírito mandado por Deus se apoderava de Saul, Davi apanhava sua harpa e tocava. Então, Saul sentia alívio e melhorava, e o espírito maligno o deixava.*
> (1 Samuel 16:23)

Será que na sua empresa não há alguém com talento para acalmar as pessoas e trazer leveza e harmonia para o ambiente?

Existem pessoas com competências que podem estar escondidas nas empresas. Quantas oportunidades são dadas para que os colaboradores compartilhem aquilo que sabem? Que tal incentivar a distribuição dos talentos com a equipe? Ao ouvir as pessoas que estão ao nosso redor e conhecer as suas destrezas, encontramos respostas para muitos problemas.

Com o intuito de abrir espaço para esse diálogo e mostrar interesse genuíno pelas pessoas, faz-se necessário ser humilde e conversar. Os líderes podem começar dividindo também seus talentos e sonhos. Continuadamente, temos aquela crença de que, se nos aproximarmos demais, os colaboradores vão se aproveitar e/ou não nos respeitarão. Isso não é verdade. Podemos ser bons e colocar os devidos limites nas relações, com a afetividade e a efetividade caminhando juntas.

HUMILDADE PARA OUVIR E DAR *FEEDBACKS*

Junto com o treinamento das habilidades técnicas dos indivíduos, precisamos ajudá-los a elevar o seu espírito. Mostrar, por meio de exemplos, que o amor e a humildade são a base dos relacionamentos saudáveis em casa e nos ambientes de trabalho. Equipes eficientes são formadas por pessoas com diferentes personalidades e capacidades.

Ter modéstia é uma grande virtude e nada tem a ver com submissão. Ser um bom líder requer servir, ter coragem para dizer que não tem as respostas para tudo e assumir quando está errado.

> *Quem ama a disciplina ama o conhecimento, mas o tolo odeia a repreensão.* (Provérbios 12:1)

Uma forma inteligente de gerir as empresas modernas é mediante a administração participativa, que valoriza o envolvimento da equipe no processo de tomada de decisões sobre diversos aspectos da organização. Em suma, ouvir, filtrar e captar o que pode ser aplicado. Simples assim! A decisão final sempre será dos gestores. Muitas vezes, deixamos de aprender por não saber escutar.

Primeiro, ouça, depois fale. O conselho é simples, mas o exercício é bem difícil e precisa ser treinado a todo momento. A boca pode estar fechada, porém a mente murmura, julga e prepara respostas o tempo todo. Mesmo estando aparentemente em silêncio, temos um "comitê" de vozes dentro da cabeça que não para.

Muitos gestores deixam o ego dominar e, por medo de se mostrarem vulneráveis, perdem ótimas oportunidades de aprender com clientes, colaboradores, vendedores e fornecedores. Partilhar algumas decisões que afetam a empresa é um grande ato de sabedoria, entretanto é necessário ter humildade.

Para melhorar a capacidade de comunicação, é imprescindível que primeiro saibamos ouvir. Temos que desenvolver em nós o processo de "escutatória", demonstrando interesse genuíno pela pessoa e por aquilo que ela está transmitindo. Muitos líderes querem ser mais produtivos, mas não reservam espaço na agenda para conversar com seus colaboradores, a fim de conhecê-los ou deixá-los sanar suas dúvidas.

Outro erro que cometemos na comunicação e interação com os demais é o julgamento. Em vez de prestarmos atenção ao que o outro está dizendo, ficamos elaborando as respostas que vamos dar, com base nas nossas deliberações.

Ao contrário de escutar ativamente, fazemos suposições sobre a pessoa ou do que ela está falando, seja pelo conteúdo da sua fala ou por expressões, gestos ou características físicas. Isso atrapalha muito a comunicação. Não nos cabe sentenciar outras pessoas, e isso é um policiamento que deve ser constante a respeito do nosso comportamento. Contudo, muitas vezes, é algo automático e inconsciente.

Praticar o princípio do não julgamento não é fácil, pois aprendemos que tudo na vida tem um certo e um errado, um vencedor e um perdedor. Precisamos exercitar esse regime o tempo todo, de forma a aprendermos a amar e aceitar as pessoas do jeito que elas são. Devemos aceitar e respeitar as distintas formas de pensar, as diferenças culturais, de gênero, de crença etc.

Precisamos fugir da tendência de "querer consertar as pessoas". É um erro dar *feedback* e querer logo dizer à pessoa aquilo que vemos, com base nos nossos próprios julgamentos. Retornos mais eficazes são provenientes de conversas e não de críticas unilaterais.

Também é preciso ter cuidado para não cairmos na armadilha de achar que estamos sendo supersinceros ao darmos *feedbacks*. Isso porque a nossa franqueza está baseada no conhecimento e julgamento próprios, que não são necessariamente a verdade absoluta.

Antes de querermos despejar nosso estoque de pareceres em alguém, podemos permitir que ela mesma faça a autocrítica. A partir da análise do ponto de vista da pessoa, podemos ir alinhando, sugerindo ou combinando melhorias.

O escritor Joe Hirsch, na revista *Harvard Business Review*, fala que *feedback* é uma conversa de via de mão dupla. Ele orienta, primeiro, levar as pessoas a pensarem sobre seus atuais pontos fortes e, depois, nos objetivos futuros, buscando um alinhamento entre os dois. Essa forma consiste em fazer perguntas, e não em "dar ordens".

No caso das empresas ou instituições, em vez de olhar sob a perspectiva do gestor, deve-se ouvir inicialmente o colaborador, sem prevalecer a visão unilateral do gerente, baseada em julgamentos, que pode ser limitada, subjetiva, distorcida ou dotada de preconceitos.

No livro *The Feedback Fix*, ele destaca que há uma distância entre a realidade da outra pessoa e a nossa percepção. Com isso, apresenta alguns exemplos (alicerçados no método socrático) para que, ao dar *feedback*, possamos começar fazendo algumas perguntas:

- O que você aprendeu sobre si trabalhando nesse projeto?
- Que pontos fortes você achou mais úteis nesse projeto?
- Quem você ajudou recentemente e que diferença fez no trabalho deles e no seu?

Isso ajuda as pessoas a se analisarem e entenderem o que fizeram para atingir os resultados desejados e o que será necessário para chegar lá novamente ou, então, fazer os ajustes precisos. Ele realça que, ao escutar ativamente um indivíduo quando ele estiver enfrentando um desafio, podemos encontrar as melhores saídas fazendo as perguntas abaixo:

- Que resultado você está tentando alcançar?
- O que e por que acha que isso está acontecendo?
- O que você buscou até agora? Como lidou com desafios semelhantes no passado?
- Você já tentou resolver esse desafio? Qual foi o resultado?

Essas questões abrem possibilidade para diálogos francos e construções de relação de confiança, o que é muito positivo no trabalho em equipe. Quando der uma orientação, a partir do *feedback*, seja específico e honesto dizendo claramente o que você espera que a pessoa faça, mude ou melhore. As correções precisam ser singulares e no momento adequado, sem que se demore.

Também não adianta querer dar um retorno quando as pessoas estão tristes ou com raiva. Liderar e se comunicar bem é uma arte que se aprende todos os dias. Precisamos ter coragem para assumir que somos imperfeitos e para liderar, o que não é nada fácil.

As equipes, principalmente as de vendas, carecem de uma certa autonomia para negociar com os clientes. No entanto, os objetivos e as regras precisam e devem ser bem claros. Um grupo é considerado bom quando seus membros forem bem selecionados, bem treinados e tiverem uma boa liderança. Tal qual é primordial que todos tenham as informações necessárias sobre os produtos e processos com a intenção de que possam tomar as melhores decisões e possam solucionar os problemas que com certeza existirão.

Uma empresa tem maior possibilidade de conseguir o engajamento dos colaboradores quando parte dos ganhos estiver atrelada às metas atingidas, como a participação nos resultados. Existem várias modalidades de colaboração nos seguimentos: participar das economias ou ganhos de produtividade e dos lucros, comissões sobre vendas, prêmios pelo atingimento de metas e/ou sugestões criativas que tragam economias ou ganhos para a empresa etc.

> *Todos são importantes e cada um tem seu lugar na empresa.*

As empresas são sistemas, organismos vivos. Para todo esse conjunto funcionar bem, precisa ter alguém o liderando, assim como necessita de pessoas obedientes para seguir suas regras e instruções. Nas organizações, tudo funciona como uma engrenagem perfeita, onde o trabalho de cada um é importante. Algumas vezes, achamos que, por não estar ocupando cargo de liderança ou de responsabilidade, não somos importantes. Com isso, podemos entrar num jogo perigoso de ego, que pouco a pouco nos vai tirando a humildade e a capacidade de obediência.

Sim, obediência! Se nesse momento você está sendo dominado pelo ego, essa palavra pode estar significando uma tortura. Este, para se defender, não aceita ordens ou as coisas do jeito que são. Ele quer mudar tudo a seu modo. "Se fosse eu, faria assim, assim e assim." Ao pensarmos dessa forma, estamos olhando apenas para uma parte e não enxergando o todo.

Quando chegamos a um ambiente novo, primeiro, precisamos aprender e entender como os processos são feitos. Depois, à medida que criamos um relacionamento com as pessoas e compreendemos por que elas agem de determinada forma, é que podemos sugerir melhorias. Se agirmos de outra maneira, acabaremos por invalidar o que os outros realizaram, e isso faz com que se sintam menos importantes, gerando conflitos.

Assim como em nossa família temos que respeitar os pais e irmãos mais velhos e sermos obedientes a eles, da mesma maneira acontece nas empresas. Torna-se necessário respeitar quem chegou antes à empresa e quem já tem experiência. Mesmo que tenhamos o perfil de empreendedor e de líder, não devemos querer assumir o lugar de quem chegou antes e está acima de nós, pois, se fizermos isso, vamos gerar conflitos. Com sabedoria, aos poucos, cada um encontra o seu lugar.

PARA REFLETIR sobre este capítulo:

1. O que isso significa para mim?
2. Como aplicar isso na minha vida e nos meus negócios?
3. A partir disso, qual é a ação que vou tomar hoje?

> *"Lembre-se dos seus líderes, que transmitiram a palavra de Deus a vocês. Observem bem o resultado da vida que tiveram e imitem a sua fé."*
>
> Hebreus 13:7

CAPÍTULO 5

AMOR E ALMA NO *marketing* e nas vendas

A boa reputação vale mais que grandes riquezas; desfrutar de boa estima vale mais que prata e ouro."
(Provérbios 22:1)

TÓPICOS ESSENCIAIS DESTE CAPÍTULO:

- Semeação em solo fértil.
- Criação de estratégias certas, direcionando-as ao público certo.
- As pessoas compram para resolverem um problema.
- Posicionamento é ser lembrado primeiro.
- Definição de segmento, de nicho e do cliente ideal.
- Formas de se posicionar e entregar valor.
- Erros que atrapalham as vendas e negociações.
- Círculo Dourado — começar pelo porquê — causas da venda.
- O cliente sabe o que quer, mas não sabe como resolver.
- As negociações precisam fluir de maneira leve e tranquila.
- Crenças ou falsos mitos sobre vendas.
- Aprender a gostar de vender.
- Arrumar os ambientes para encantar as pessoas.

Temos muito a aprender com a Bíblia, sobre estratégias de comuni-cação e de marketing. A obra de Jesus e seus milagres foram divulgados ao redor do mundo e nunca a humanidade cessará sua fala em relação a Ele. Ao falar por parábolas, na do Semeador, Ele explica por que se comunicava dessa forma:

> *"Certo homem saiu para semear. Enquanto semeava, uma parte das sementes caiu à beira do caminho e os pássaros vieram e as comeram. Outra parte caiu no meio das pedras, onde havia pouca terra. Essas sementes brotaram depressa, pois a terra não era funda, mas, quando o sol apareceu, elas secaram, pois não tinham raízes. Outra parte das sementes caiu no meio de espinhos, os quais cresceram e as sufocaram. Uma outra parte ainda caiu em terra boa e deu frutos, produzindo trinta, sessenta e até mesmo cem vezes mais do que tinha sido plantado. Quem pode ouvir, ouça."* (Marcos 4:1–9).

Depois em Marcos 4:10–12 e Lucas 8:9–10, explica por que ensinava por parábolas, uma vez que nem todas as pessoas estavam preparadas para entendê-las. "A semente que caiu à beira do caminho é como a pessoa que ouve a mensagem de Deus, mas não a compreende e o inimigo vem e rouba as sementes. A semente que caiu no meio de pedras representa a pessoa que ouve a mensagem e a aceita, mas como não tem raiz, não sobrevive e com o tempo deixa de ter fé. A semente que caiu no meio de espinhos representa a pessoa que ouve a mensagem, mas é sufocada pelas preocupações e acaba não produzindo fruto algum. No entanto, a semente que caiu em terra boa representa a pessoa que ouve e compreende a mensagem e assim se frutifica."

Assim como, para dar bons frutos, a semente boa precisa ser colocada em solo fértil, as ações de marketing necessitam ser estratégicas para que produzam ótimos rendimentos. Portanto, as ações devem ser direcionadas ao público certo, de maneira que a comunicação se torne efetiva e alcance os resultados desejados.

É fundamental analisar as métricas para ver se os recursos investidos no marketing estão trazendo retorno. Não se pode jogar dinheiro fora fazendo o que é bonito ou o que "todo mundo está realizando" se aquilo não estiver dando efeito. Comunicação direcionada e intencional ao público correto é mais efetiva do que querer transmitir a todos e não chegar ao cliente ideal.

As pessoas compram produtos e serviços para resolverem um problema, criar praticidade em sua rotina, melhorar a autoestima, elevar o status ou para que se sintam felizes. Muitas vezes, não compramos só porque precisamos ou porque o produto é de uma marca específica, mas também pelas experiências emocionais desse ato em determinada empresa, marca ou de um vendedor em específico.

Em seu livro *Marketing: Magia e Sedução*, Marcos Cobra e Áurea Ribeiro destacam que um dos fatores que determina a fidelidade do consumidor a uma marca específica é o grau de prazer e felicidade que ela proporciona. Os autores chamam à atenção sobre as escolhas do consumidor serem conscientes e inconscientes.

COMO TER UM POSICIONAMENTO MELHOR?

Devido às ações de marketing, na maioria das vezes, irem ao encontro das emoções das pessoas, tocando em suas dores ou alegrias, para que se decidam ou se apressem a comprar, é preciso ser honesto e verdadeiro sempre. Ao ocupar o pensamento do nosso consumidor, estamos nos posicionando, ou seja, vamos ser lembrados em primeiro lugar na hora de ele decidir adquirir algum produto ou serviço.

Como se colocar frente aos clientes de forma assertiva? Posicionamento está relacionado ao modo como queremos que o cliente enxergue a nossa empresa, marca ou produto. Segundo Philip Kotler, significa estabelecer a imagem da instituição de forma que ela ocupe um lugar diferenciado na mente dos clientes.

Logo, é algo mais amplo, como pode ser visto no mercado de gastronomia. Em primeiro lugar, vem o segmento, que é o caminho diferenciado, ou seja, a gastronomia vegetariana; em segundo, vem o nicho, que é o recorte dentro do segmento, isto é, a alimentação vegetariana funcional, para atletas; por fim, o cliente ideal, que é o que vai comprar o seu produto, no caso, mulheres que praticam musculação. Lembrando que nem sempre quem consome o produto é a mesma pessoa que compra. Por isso, as ações de marketing precisam ser direcionadas.

É com base nesses três elementos que vamos definir o nosso posicionamento. A forma como nos dispomos faz toda diferença nas decisões de compra.

Como se posicionar melhor? Podemos assumir posição por meio de:

- Mídias sociais: pode-se abordar as diferenças que o produto fará na vida das pessoas.
- Depoimentos: ter avaliações das pessoas que ficaram satisfeitas e recomendam seus produtos e serviços.
- E-mails e WhatsApp: é importante que os textos contem histórias, emocionem, tenham uma linguagem agradável e poética.
- Anúncios: os anúncios devem ser agradáveis de ler.
- Sede da empresa: ter um ambiente agradável, inspirador, bem como decoração, quadros, ou seja, elementos que façam sentido.
- Discurso de vendas: precisa ser sempre tranquilo, passar segurança aos clientes, de forma que eles não se sintam criticados ou pressionados.
- Equipes: são os pontos de contato com os clientes, assim, precisam ser treinadas para prestar um bom atendimento e levar confiabilidade às pessoas.
- Entrega: entregar mais do que o esperado, do que o prometido e mais rápido.
- Pós-venda: contato com os clientes por e-mails, por exemplo: "Obrigada pelo pedido", "Seu pedido já foi enviado" (estratégias muito utilizadas pelas grandes redes de varejo).

- Embalagem: quais surpresas o cliente terá após comprar, ao abrir a embalagem? É legal criar uma experiência bacana para a pessoa. Um exemplo disso é uma mensagem, um bilhete de agradecimento, um cheiro agradável, uma lembrancinha.

Essas são apenas algumas ideias, mas sempre há espaço para nos questionarmos: como podemos surpreender mais as pessoas? Como podemos nos posicionar melhor, para que os consumidores se lembrem primeiro de nós ou da nossa empresa quando precisarem de produtos e/ou serviços?

COMO PODEMOS ENTREGAR MAIS VALOR?

Depois de definir o cliente ideal e atraí-lo, é preciso entregar valor — valor é diferente de preço, pois este é o que o comprador leva, já preço é o que ele paga. Para isso, faz-se necessário decidir a maneira que será feita com que o cliente perceba o valor daquilo que estamos entregando. Segundo Caroline Calaça, estrategista de negócios e de marketing, podemos começar com as seguintes perguntas táticas:

- Qual estratégia pode ser adotada para ter sucesso neste mercado específico?
- Que produtos e serviços podemos oferecer?
- Quem são os clientes prioritários?
- Quais emoções ou experiências estão ligados à compra de determinado produto ou serviço?
- Quais são os nossos diferenciais?

Valor é o que o cliente leva, preço é o que ele paga.
(Caroline Calaça)

Ela ainda nos dá alguns exemplos de propostas de valor:

- Exclusividade: em alguns casos, o cliente paga a mais para que nenhuma outra pessoa ou concorrente tenha o mesmo serviço, sendo visto como um diferencial para o negócio.
- Novidade: algumas propostas de valor satisfazem um conjunto novo de necessidades e desejos que os compradores sequer tinham antes, pela falta de ofertas similares.
- Desempenho: melhoria de performance é sempre uma maneira tradicional de se criar valor. Os clientes e as empresas estão sempre buscando fazer mais com menos, realizando de um jeito cada vez melhor.
- Redução de riscos e custos: ajudar consumidores a reduzirem custos e/ou riscos é uma forma importante e muito inteligente de agregar valor.
- Conveniência: talvez a comodidade de você estar mais perto ou de conseguir atender a uma demanda conveniente (em casa, online etc.) pode ser o valor agregado que o cliente precisa para fechar negócio.

É essencial que a empresa encontre um modo mais adequado para atender às necessidades do cliente e satisfazê-lo. Também é importante saber quanto ele está disposto a pagar pelo produto ou serviço e como prefere custeá-lo.

É importante refletir: quais os benefícios que o consumidor obtém ao comprar de você e não do seu concorrente? No caso das compras online e das entregas em casa, ele economiza tempo, elimina deslocamento desnecessário etc.?

É importante ficarmos atentos a alguns erros que podemos cometer e que podem atrapalhar as vendas e negociações. Caroline Calaça aponta erros a serem evitados:

- Apostar todas as fichas e esforços em um bom produto ou serviço, acreditando que ele será suficiente. É necessária uma dedicação no empenho de marketing e vendas para levar o cliente a desejar o produto e fechar a compra.

- Acreditar que um preço competitivo e atrativo irá convencer o comprador. Apesar de o preço poder ser um fator de diferenciação, existem propostas de valor que podem ser mais importantes que o preço.
- Pensar que produtos inovadores irão atrair novos compradores, que se interessarão pela marca e o restante do portfólio. O comprador busca, por meio da compra, satisfazer necessidades e desejos; logo, nem sempre os produtos recentes o atenderão.
- Investir em uma equipe de vendas experiente e competente como solução para dificuldades nas negociações. A empresa pode ter o melhor grupo de funcionários possível, mas se não tiver bons produtos, com diferenciais e que entreguem valor ao cliente, o pessoal de vendas não poderá fazer milagres.
- Tentar adivinhar os problemas do cliente em vez de perguntar a ele. Ao questionar, podemos entendê-lo melhor e, assim, ver formas de conseguirmos assistir suas necessidades.
- Achar que um bom marketing e uma boa campanha criativa irão fazer a demanda crescer automaticamente. É importante saber diferenciar os objetivos da área de marketing e da área de vendas.

Ela ainda destaca que cabe ao marketing e vendas lembrar o cliente de que existe uma solução e que há ganhos ao resolver aquele problema. Só precisamos ajudá-lo a descobrir qual o melhor recurso, enfatizando as discrepâncias e os resultados que a empresa tem a oferecer. Além disso, depois de entender o que o cliente precisa, podemos auxiliá-lo tanto em suas prioridades quanto mostrar o que ele pode comprar posteriormente.

Os objetivos do marketing consistem em aumentar o número de clientes, conduzi-los à compra e reduzir o tempo e o custo, desde que o comprador descubra as soluções que a empresa tem a oferecer até a decisão de compra.

Os objetivos da venda correspondem: 1) à diminuição do período entre a apresentação da proposta e do primeiro contato com o produto e o fechamento da compra; 2) ao aumento do número de contatos realizados que se transformam em venda; 3) à obtenção de margens saudáveis; e 4) à disposição de itens diversos a serem ofertadas.

Em resumo, é como se o marketing usasse todas as estratégias para movimentar a jogada e colocar a bola na frente do gol e a área de vendas marcasse esse gol. Assim, esses âmbitos precisam estar bem alinhados para que os resultados sejam alcançados. Mesmo que a empresa seja pequena, que não haja diferenciação entre os setores e que uma única pessoa atue nos dois seguimentos, eles precisam ser complementares.

POR QUE TER UM PORQUÊ?

Simon Sinek destaca que no marketing são usadas manipulações: redução de preços, promoção, exploração do medo (se você não fizer seguro de vida, sua família pode sofrer as consequências da sua perda), pressão do grupo social (mais de 1 milhão de clientes satisfeitos) ou o uso de celebridades para estimular o consumo de determinado produto ou serviço. Ou, ainda, utilização de mensagens baseadas em desejos e aspirações do consumidor (dez passos para enriquecer) e promessas de inovação para influenciar o comportamento (produto com design mais bonito, mais leve etc.).

No entanto, ele fala que essas manobras funcionam e ajudam muitas empresas a terem sucesso, mas não garantem a fidelidade à marca ou ao produto e que também custam caro.

Só porque os clientes compram de você repetidas vezes não significa que serão fiéis. Para conseguir lealdade a uma empresa, produto, serviço ou marca é preciso ir além. A fim de definirmos melhor as ações de marketing e vendas, precisamos perguntar: o quê? Como? E o porquê? Sendo que o mais importante é começar pela última indagação. Assim, Simon Sinek criou o *Golden Circle* (Círculo Dourado).

O porquê é o propósito, a causa e a crença. Qual a razão que fez você criar a sua empresa ou o seu negócio? O porquê o motiva a se levantar cedo todos os dias da cama? Essa causa faria alguém escolher você, a sua empresa ou o seu negócio?

Algo que está mais adiante do que a nossa racionalidade pode explicar: o porquê está relacionado à identificação, ao sentimento de pertencimento, a uma causa, a um propósito. O porquê fazemos importa muito mais! Nós, por exemplo, acreditamos em empresas e negócios felizes, prósperos e lucrativos, onde as pessoas têm consciência de seus papéis nas famílias, nas empresas e no mundo. Isso interessa mais do que saber "como fazemos?". Desenvolvemos nosso trabalho por meio de palestras, livros, cursos e mentorias. O que fazemos? Ajudamos empresários e empreendedores a despertarem a consciência entre o lucro e o propósito.

Isso acontece porque grande parte das nossas decisões são tomadas pela emoção (sistema límbico[1]) e essas tendem a ser mais rápidas e de melhor qualidade, ou seja, "pensar demais", às vezes, atrapalha a tomada de decisão. Por isso que o marketing leva muito em conta as escolhas inconscientes ou intuitivas. Se soubermos conquistar o coração dos nossos clientes, a fidelidade acontece.

COMO APRENDER A GOSTAR DE VENDER?

As negociações precisam fluir de maneira leve e tranquila tanto para quem está comprando como para quem está vendendo. Não pode haver ansiedade ou pressão, senão isso afasta o cliente, pois ele fica com medo de estar errando na tomada de decisão.

A vergonha que muitos têm de se expor em relação às vendas é que correm o risco de receber muitas negativas. Ao não conseguirmos comercializar, atrelamos esse resultado à baixa autoestima, sentimento de não merecimento ou até mesmo de rejeição.

1 O sistema límbico é responsável pelas respostas provenientes das emoções.

Vender é bom! Já pensou o que teria acontecido no Egito se José não tivesse guardado alimentos para vender às pessoas no momento em que houve sete anos de crise?

> *José, pois, era o governador daquela terra; ele vendia a todo o povo da terra.* (Gênesis 42:6)

Por isso, a partir de hoje, substitua as suas crenças negativas sobre vendas por:

- Vender é bom. Ao vendermos, ajudamos outras pessoas a suprirem as suas necessidades.
- Quando você vende, está honrando seu trabalho.
- Ao passo que você comercializa, está transformando a vida das pessoas.
- Na ocasião em que você negocia, está deixando a sua empresa saudável.
- Logo que você mercantiliza, existem pessoas prontas para pagar.

Ter vergonha de vender é um desserviço! Reflita sobre os produtos ou conteúdos que chegaram até você: o que te fez acreditar na empresa e adquiri-los? Foi a confiança de que eles te ajudariam a resolver um problema. Vender e usar honestidade nas negociações é uma forma de servir as pessoas.

Gostaríamos de compartilhar uma experiência. Nós mesmos, devido à ansiedade e à pressa em vender o projeto todo que tínhamos para oferecer a um cliente, perdemos a oportunidade de uma grande venda. Como havíamos criado um amplo projeto para atender às escolas, desenvolvendo líderes, gestores, coordenadores e equipes, quisemos logo de cara vender o "pacote" completo.

A nossa aflição em querer entregar tudo de uma vez fez com que fechássemos as portas para qualquer outra chance naquela instituição. O que, na verdade, o gestor desejava era apenas uma palestra, que seria uma forma de conhecer o nosso trabalho e ver quais resultados e soluções teríamos a ofertar. Mas queríamos vender o projeto todo! Se tivéssemos prestado mais atenção às necessidades dele, e não às nossas, com certeza teríamos entregado primeiramente o que ele precisava; depois, poderia comprar o projeto completo.

Por isso, nada de pressão nas negociações. Desde que tenhamos dado nosso melhor e passarmos segurança e credibilidade aos clientes, as coisas vão fluir naturalmente. As negociações precisam ser justas e honestas, de modo que seja vantajoso para os dois lados. Não pode haver uma relação de desigualdade em que um se sinta inferior, oprimido, pressionado ou em desvantagem na transação.

> *Se vocês venderem alguma propriedade ao seu próximo ou se comprarem alguma propriedade dele, não explore o seu irmão.* (Levítico 25:14)

Todos nós somos vendedores, mesmo que não tenhamos produtos a oferecer. O tempo todo estamos "vendendo" a nossa imagem e negociando com as pessoas com quem nos relacionamos. No entanto, muitas pessoas têm, impregnadas na sua mente, crenças negativas a respeito das vendas, que podem atrapalhar as negociações.

Algumas dessas concepções são:

- Vendedor nasce pronto.
- É preciso ter tino para vendas.
- Não gosto de vender.
- Não sei vender.
- As pessoas não vão comprar de mim.
- As pessoas não gostam de vendedores.
- Tenho dificuldade de cobrar.
- Vender é chato.
- Vender é difícil.

- Estamos em crise; e assim por diante.

Para vencer a vergonha de vender é bom pensar: se não oferecermos, as pessoas não vão comprar. Vender é ajudar outros indivíduos a resolverem problemas, deixá-los felizes adquirindo algo de que necessitem ou que os faça se sentir melhor.

Por essas razões, é muito importante trabalhar a inteligência emocional nas equipes de vendas e de marketing. A imaturidade emocional que temos impacta diretamente nos resultados, uma vez que os clientes captam essas emoções em nós e isso gera desconfiança nos produtos ou serviços que estamos ofertando. Assim, deixamos de entregar o que mais os clientes procuram e precisam: credibilidade.

> *O povo amaldiçoa aquele que esconde o trigo, mas a bênção coroa aquele que logo se dispõe a vendê-lo.*
> (Provérbios 11:26)

ARRUMANDO OS AMBIENTES PARA AGRADAR ÀS PESSOAS

Caso lembremos que tudo na vida é energia, então precisamos renovar a energia dos ambientes. Pense nas sensações que você quer provocar nas pessoas, sejam clientes, colaboradores, fornecedores etc., ao entrarem na sua empresa. Será que tudo está organizado, limpo, com um perfume agradável ou está bagunçado, empoeirado e mostrando desleixo?

Tudo comunica e desperta sensações!

Mas e se não tiver empresa física e for online? Da mesma forma que nas empresas físicas, temos as redes sociais e/ou sites, que são as vitrines da nossa empresa, o espaço para recepção; portanto, faça uma limpeza, analise-os. Eles é que vão transmitir quem somos. O mesmo acontece com a nossa imagem. O que queremos que ela dissemine?

Se sua empresa atender presencialmente, faça uma higienização e organize tudo. Convide a sua equipe para fazer isso junto com você.

Descarte, faça promoção, venda ou doe as coisas que estão em desuso e só ocupando espaço.

Coloque-se na posição de observador e se sinta como as outras pessoas ao entrarem na sua loja, nas suas redes sociais, nos e-mails ou em outros meios de comunicação. Analise a linguagem que você usa, para ver se está considerando que do outro lado existe uma pessoa, com pensamentos, sentimentos, emoções e sensações.

E na hipótese de eu não receber ninguém, ou trabalhar sozinho, ou em casa? Arrume da mesma forma. Ao mantermos as coisas ordenadas e um ambiente cheiroso e limpo, ativamos nosso senso de merecimento. Afinal, por que só ajeitamos a casa quando vamos receber visitas? E se alguém chegar sem avisar? Precisamos estar sempre prontos!

PARA REFLETIR sobre este capítulo:

1. O que isso significa para mim?
2. Como aplicar isso na minha vida e nos meus negócios?
3. A partir disso, qual é a ação que vou tomar hoje?

> *"Tudo o que é verdadeiro, tudo que é respeitável, tudo o que é justo, tudo o que é puro, tudo o que é de boa fama, se alguma virtude há, (...) seja isso o que ocupe o vosso pensamento."*
>
> Filipenses 4:8

CAPÍTULO 6

AMOR E ALMA NOS RECURSOS FINANCEIROS: A SABEDORIA PARA LIDAR com o dinheiro

Na casa do sábio há comida e azeite armazenados, mas o tolo devora tudo o que pode. (Provérbios 21:20)

TÓPICOS ESSENCIAIS DESTE CAPÍTULO:

- Crenças e padrões repetitivos em relação ao dinheiro.
- Desculpas para sabotar a prosperidade.
- Segredos da riqueza e da prosperidade.
- Ensinamentos da Bíblia sobre finanças.
- Fazer o dinheiro crescer e multiplicar os rendimentos.
- Controlar os gastos.
- Fazer o dinheiro trabalhar para você, e não ao contrário.
- Proteger o dinheiro contra perda e assegurar renda futura.
- Aumentar a capacidade de ganhos.

Na Bíblia, há mais de 2.350 versículos sobre a maneira de Deus de lidar com dinheiro e com bens. No livro de Provérbios, encontramos muitos ensinamentos relacionados à sabedoria em lidar com o dinheiro e ter prosperidade. No capítulo 31, versículos 16–18, encontramos um perfil da mulher próspera: "Ela avalia um campo e o compra; com o que ganha planta uma vinha. Entrega-se com vontade ao seu trabalho; seus braços são fortes e vigorosos. Administra bem o seu comércio lucrativo, e a sua lâmpada fica acesa durante a noite."

Quanta sabedoria há nesses versículos e que podemos aplicar hoje!

Pessoas empreendedoras analisam antes de comprar. Com o dinheiro que ganham fazem novos investimentos, trabalham com amor e cuidam da saúde. Isto é, administram bem os negócios para que sejam lucrativos. Quando chegam à noite, dedicam tempo a orar e melhorar o relacionamento com Deus, cuidando do espírito. A lâmpada acesa representa a luz, a direção do caminho, e para que fique acesa precisa de óleo, que faz alusão à presença do Espírito Santo. Ou seja, antes e depois de um dia de trabalho podemos priorizar orar e agradecer a Deus por mais um dia.

Quais crenças e padrões repetitivos você tem sobre dinheiro?

Muitas pessoas têm várias convicções que atrapalham a relação com o dinheiro. Esses credos, se não forem trabalhados, são levados para as empresas e, principalmente, para dentro dos nossos lares, e isso interfere muito nos resultados.

Alguns exemplos dessas crenças são:

- Dinheiro não traz felicidade.
- Prefiro ter uma empresa pequena, mas honesta.
- O olho do dono é que engorda o boi.
- Só as empresas que sonegam impostos se saem bem.
- Prefiro ser pobre, mas ser honesto.
- Não dá para ter dinheiro do jeito que o país está.
- A minha condição de vida (profissão, não ter estudos, ter origens humildes etc.) não me permite ganhar muito dinheiro.

Para mudar essas crenças, treine o hábito de pensar sobre o dinheiro por uma ótica mais positiva. O empresário Carlos Wizard, no livro *Desperte o Milionário que Há em Você*, apresenta sete "desculpas mortais" que muitas pessoas usam para sabotarem a sua prosperidade. Na coluna da direita abaixo estão as frases apontadas por ele e na coluna ao lado nós colocamos frases positivas para ressignificar essas crenças.

DESCULPAS E CRENÇAS	VAMOS RESSIGNIFICAR E COLOCAR NO POSITIVO?
1. Aqui nada dá certo.	Eu vou fazer até dar certo: "Para Deus nada é impossível." (Lucas 1:37)
2. A concorrência é muito grande.	Eu sou único e tenho diferenciais importantes: "O sol nasce para todos." (Mateus 5:45)
3. É preciso pagar muitos impostos.	O negócio vai faturar o suficiente para honrar todos os compromissos: "Dai a César, o que é de César e evite reclamações e lamúrias." (Marcos 12:13–17)
4. Falta dinheiro.	Com ideias novas e viáveis, conseguirei o dinheiro e parcerias: "Há dinheiro em abundância no mundo, esperando boas ideias." (Fonte desconhecida)
5. Existem crises e incertezas.	Posso transformar as crises em oportunidades: "Enquanto uns choram, outros vendem lenços" (Nizan Guanaes)
6. Não tenho sorte.	Tenho fé: "Tudo posso naquele que me fortalece." (Filipenses 4:13)
7. A própria desculpa da pessoa.	Mas, mas, mas, mas... E se, e se, e se eu não tivesse mais desculpas, o que eu faria?

Gostou dos exercícios de ressignificação? Então agora é hora de deixar as desculpas de lado e começar a colocar as finanças em ordem. A saúde financeira reflete na espiritual, emocional e física. Você já não perdeu noites de sono e não ficou doente por causa das contas a pagar?

Nós mesmos já tivemos noites que pareciam infindáveis, revirando-nos na cama preocupados por não termos dinheiro para honrar os compromissos. Somos casados e os problemas financeiros afetam o sono de nós dois.

OS SEGREDOS DA RIQUEZA E DA PROSPERIDADE

A recompensa da humildade e do temor do Senhor são a riqueza, a honra e a vida. (Provérbios 22:4)

Nós, como grande parte das pessoas, nos momentos de desespero, acabamos procurando por Deus para obter respostas às nossas inquietações. No entanto, precisamos criar um relacionamento diário com Deus e não só recorrermos a Ele em momentos de crise. Ele envia as respostas por meio de outras pessoas também; logo, é preciso estar consciente para se atentar aos sinais e não se deixar confundir.

Uma das respostas veio mediante um livro que chegou até nós, cujos conhecimentos começamos a aplicar. Não adianta comprar um livro e não ler, também só ler não é o bastante, é fundamental refletir e aplicar suas informações.

No livro *O Homem Mais Rico da Babilônia*, de George S. Clason, encontramos sete ensinamentos muito simples para resolver o problema da falta de dinheiro. São coisas descomplicadas, que já sabemos, contudo só trarão resultados se as colocarmos em prática. Fizemos alguns complementos nesses sete dogmas, de acordo com estudos e experiências que vivenciamos:

1. Pague o dízimo e depois faça seu dinheiro crescer

Precisamos lembrar: "Então, deem a César o que é de César e a Deus o que é de Deus" (Mateus 22:21). É muito importante pagar o dízimo. Deus não precisa do nosso dinheiro, mas pagá-lo é uma forma de disciplina e obediência. Depois de cumprir esse mandamento, reserve os outros 10% de tudo que ganhar para poupar e investir.

Nesse ponto, algumas pessoas podem dizer: "como guardar dinheiro se o que ganho mal dá para as despesas necessárias?", ou "vai demorar muito até que o cesto transborde". Em Provérbios 13:11, encontramos: "O dinheiro ganho com desonestidade diminuirá, mas quem o ajunta aos poucos terá cada vez mais." Se não puder guardar muito, guarde pouco, mas o faça. Minha mãe sempre dizia: "De grão em grão, a galinha enche o papo."

Economizar não significa escassez? Pense em poupar com um propósito específico, como para aproveitar oportunidades quando aparecerem, para dormir melhor, para ficar mais tranquilo, para investir na sua carreira, nos seus talentos, em lazer, para fazer uma viagem etc.

No caso das empresas, é necessário ter esse percentual reservado para aplicações financeiras rentáveis. Pode ser destinada uma parte para reservas, depositando o dinheiro em investimentos de baixo risco. Já a outra parte é possível ser colocada em investimentos mais lucrativos, com um nível de risco ligeiramente maior, cuidando para sempre preservar o valor do capital.

Para que haja maior segurança, é muito importante que a empresa tenha uma reserva financeira mínima de três a seis meses no sentido de cobrir seus custos fixos e fazer frente aos seus compromissos futuros. Afinal, existem períodos de sazonalidade das vendas, recessão econômica, perda de contratos, manutenções inesperadas, demissões de funcionários etc.

2. Controle seus gastos

Este é um dos ensinamentos mais importantes. O sono que perdemos comprando o que não podemos ou que realmente não precisamos se torna muito caro. Além disso, há os juros, que são o preço que se paga pela ansiedade da compra. Também, com dinheiro na mão, fazemos negócios melhores, obtemos maiores descontos e podemos escolher de quem comprar.

Outro cuidado são os desperdícios. Somos capazes de fazer o dinheiro "sair pelo ralo", por exemplo, com mensalidades, anuidades e assinaturas de coisas que pagamos, mas não usamos, mesmo que os valores sejam pequenos. Isso tudo além dos desperdícios que cometemos em casa ou na empresa. Entretanto, não vá presentear ou doar algo só para ser sentir uma pessoa generosa se você não está em condições.

Faz-se necessário ter muito cuidado com as frases: "Eu mereço! Eu trabalho tanto! Está em oferta, preciso aproveitar! É um valor pequeno, um pouquinho por mês, não vou nem sentir!" Assim, vamos aumentando a conta do cartão de crédito. Por isso, é inteligente fazer as contas antes, e não depois que chegarem as faturas do banco. Não se esqueça de fazer sempre três perguntas para você antes de comprar: eu realmente preciso disso? Eu tenho dinheiro ou está no meu planejamento para comprar isso agora? Essa é a melhor hora de comprar isso?

Claro que todos nós desejamos ter mais conforto e, para isso, precisamos comprar. É normal querermos mais do que podemos obter, afinal temos muitos sonhos a serem realizados. O que podemos fazer é transformar esses anseios em objetivos e metas possíveis de serem alcançadas. Caso requeiram recursos financeiros (o que normalmente acontece), é necessário planejá-los e ter uma reserva financeira para alcançá-los.

Não importa o quanto iremos ganhar; se não soubermos administrar mil reais, normalmente, não saberíamos administrar um 1 milhão. Por isso muitas pessoas que recebem herança ficam milionárias e logo voltam à pobreza. Tomam decisões erradas, iludem-se achando que, caso comprem isso ou aquilo, serão mais felizes. Depois, vêm a culpa e o ressentimento ao ver que não souberam cuidar do seu dinheiro.

De acordo com o médico, psiquiatra e escritor norte-americano Dr. David Ramon Hawkins, a culpa é a segunda das piores emoções que podemos ter e nos faz vibrar muito baixo. Isso nos faz sofrer e contamina todo o ambiente à nossa volta, bloqueando-nos a capacidade de encontrar soluções.

Muitas vezes "enfiamos a cara no trabalho", ocupamo-nos o tempo todo e gastamos desenfreadamente para preencher o vazio que está em nossa alma. A coisa mais sábia que podemos fazer é olhar daqui para frente, livrar-nos do peso do passado e mudar o que pode ser mudado.

Com a consciência de hoje, certamente, faríamos diferente e não cometeríamos os mesmos erros. Por essa razão, precisamos nos perdoar por todos os erros que cometemos no passado, pois, naquele momento, estávamos dando o nosso melhor. Agora, com essa nova consciência, sigamos avante, procurando aprender com o passado!

No caso das empresas, lembre-se de que levamos para dentro delas tudo o que somos. O hábito de não cuidarmos das nossas finanças pessoais, inevitavelmente, fará com que sejamos do mesmo jeito na empresa. Nesse caso, só mudam os valores, pois a consciência (ou falta dela) é a mesma.

3. Multiplique seus rendimentos

A principal fonte de aumento de capital das empresas é por meio das vendas e dos lucros. Para isso, é imprescindível comprar bem e vender bem. Não basta só elevar o faturamento, pois ele é diferente do lucro. Você pode progredir muito as vendas (faturamento) e os lucros (rentabilidade) caírem. Não é preciso "espremer o preço" para vender mais se o seu produto tiver diferenciais e valor agregado a ele. Aliado a uma boa estratégia de marketing, as margens de lucro poderão ser maiores.

A depender do negócio em que se está atuando, é importante analisar caso haja viabilidade de se ampliar a variação dos produtos ofertados ou se é preciso se concentrar em poucos, os denominados "carros-chefes". Não adianta querer fazer tudo ou vender de tudo e perder o foco. Lembre-se: faturamento é diferente de lucro!

O dinheiro também pode ser multiplicado com rendas passivas, por meio de aluguéis ou investimentos lucrativos. Na empresa, caso você trabalhe com produtos físicos, por exemplo, é essencial avaliar os níveis de estoque necessários. Assim, não correrá o risco de jogar dinheiro fora estocando demais ou perdendo vendas por não ter os produtos disponíveis.

Outra coisa sábia para ter mais dinheiro é valorizar os talentos das pessoas que trabalham com você. Como assim? As aptidões da sua equipe podem valer ouro! Gestores inteligentes conhecem as habilidades dos colaboradores, de forma que eles se sintam enaltecidos e que a empresa aproveite, de maneira sábia, esses talentos que estão à sua disposição.

Dê liberdade para eles criarem e mostrarem os seus dons. Sabe aquela pessoa que gosta de se comunicar, fazer vídeos, postar nas redes sociais? Aproveite a aptidão dela e a incentive a promover seus produtos e serviços, dando uma remuneração extra por isso. Talento é dinheiro! Recompense decentemente quem se dedica e merece mais.

Veja o exemplo em Mateus 25:14–30, onde encontramos a parábola de Jesus sobre os talentos:

> *Um homem rico, antes de iniciar uma longa viagem, chamou os seus três servos para serem guardiões de seus bens enquanto estivesse fora. Depois de serem analisadas as habilidades naturais de cada um, ele deu cinco talentos a um servo, dois, a outro, e um, ao terceiro, e partiu. No retorno da viagem, chegou o momento do prestar contas sobre o dinheiro que havia confiado aos seus servos. O que havia recebido cinco talentos se apresentou e entregou-lhe dez talentos. "Muito bem, servo bom e fiel!" O mestre respondeu: "Já que foste fiel no pouco, confiar-te-ei o muito". Aquele que havia recebido dois talentos lhe devolveu quatro e recebeu a mesma resposta: "Já que foste fiel no pouco, confiar-te-ei o muito". Por fim, aquele que havia recebido um talento se aproximou: "Meu senhor", disse, "eu soube que és um homem severo, ceifas onde não semeaste e recolhes onde não joeiraste; e, atemorizado, fui esconder o teu talento na terra; aqui*

> *tens o que é teu!". A resposta que recebeu foi rápida e severa: "Servo mau e preguiçoso! Se sabias que ceifo onde não semeei e que recolho onde não joeirei, devias, então, ter entregado o meu dinheiro aos banqueiros e, ao meu retorno, teria recebido o que é meu com juros". Então, o senhor disse: "Tirai-lhe, pois, o talento e dai-o ao que tem os dez talentos; porque a qualquer que tiver será dado, e terá em abundância; mas ao que não tiver até o que tem ser-lhe-á tirado".*

4. Proteja seu dinheiro contra perda

Não se deixe enganar pelo desejo romântico de fazer fortuna rapidamente. Não confie só nos próprios conhecimentos, procure buscar orientação de um especialista que saiba lidar com seu dinheiro.

Lembre-se de que não importa quanto dinheiro você tenha. Nunca o desperdice! Não o jogue fora! Procure saber bem onde o está colocando. Dinheiro é coisa séria; de modo algum, invista em algo que você não saiba como funciona.

Em qualquer aplicação, assegure-se de que o capital investido seja salvo. Deixar de ganhar é diferente de perder. Às vezes, é melhor empregar em algo que tenha um retorno um pouco menor do que fazer investimentos no qual se corra o risco de perder parte do valor colocado.

Ninguém está livre de incidentes, por isso contratar seguros é uma forma de proteger seu capital. Por mais que você tenha fé e seja cuidadoso, precisa fazer a sua parte para assegurar os seus bens. Mas, ao tomar dinheiro emprestado, tome cuidado para que o banco não lhe "empurre" seguros e outros produtos que não te interessam ou que prometa ganhos fáceis.

Para quem tem colaboradores, é essencial assegurar esse capital, que é um bem muito importante. Por isso, investir na saúde e segurança, além de ser humanamente desejável, previne de ter que arcar com custos inesperados, como acidentes e doenças.

5. Faça do lar um investimento lucrativo

Procure comprar coisas boas e duráveis para não ter que trocar logo ou gastar com manutenção.

Em relação a ter imóvel próprio ou alugar, isso depende do quanto você é capaz de cuidar do dinheiro que tem. Tanto para uma propriedade particular quanto da empresa, há divergências entre os especialistas. Alguns aconselham a ter imóvel próprio e outros, a usar esse dinheiro para fazer investimentos mais rentáveis. Então, depende de muitos fatores: custo do imóvel, dos aluguéis, dos juros obtidos no investimento e da nossa capacidade de poupar.

Contudo, o mercado financeiro oscila muito e nem sempre é rápido vender um imóvel quando precisamos. Então, isso precisa ser considerado e muito bem avaliado. Porém, na pressa em realizar o sonho do imóvel próprio, para se sentir mais seguro, financia-se sem levar em conta os juros embutidos. Geralmente, no final, paga-se o dobro ou mais do valor da propriedade. É preciso ser bem racional para analisar se, de fato, não compensa pagar aluguel por mais um tempo, até conseguir um valor mais alto para dar de entrada e reduzir os juros.

No entanto, grande parte das decisões não são pensadas, ainda que haja várias questões emocionais que também precisam ser levadas em conta. Um exemplo disso é, em alguns casos, morar na casa da sogra para economizar, algo que pode custar o próprio casamento. Faça as contas primeiro entre a contabilidade financeira e a emocional.

Qual de vocês, se quiser construir uma torre, primeiro não se assenta e calcula o preço, para ver se tem dinheiro suficiente para completá-la? (Lucas 14:28)

6. Assegure-se de uma renda para o futuro

Quando se fala de renda para o futuro, normalmente pensa-se em aposentadoria ou investimento em imóveis para gerar renda passiva. Entretanto, trata-se de algo que vai muito além disso.

Essa reserva futura também pode ser feita para colocar sonhos em prática, para nos dedicarmos ao que gostamos. Por que não poupar, nem que seja somente para tirar um ano sabático, colocar em prática algum projeto pessoal, uma viagem, uma experiência nova ou até para ter um filho e poder se dedicar um pouco mais a ele? Lembrando que é fundamental separar essas economias pessoais das economias da empresa. Evite misturar o seu dinheiro com o do seu negócio.

Ademais, é preciso se certificar de problemas que inevitavelmente irão acontecer, tal como o processo de envelhecimento. Tudo ficará velho um dia: o corpo, os imóveis, os bens da casa e da empresa. Há de se fazer uma poupança para a depreciação e manutenção das posses.

Muitas pessoas, empresárias ou não, nunca se preocupam com isso, mas o que fazem quando uma máquina quebra? Ou algum incidente acontece no patrimônio? Ou quando nosso corpo necessita de uma "manutenção" mais séria, como uma cirurgia de urgência? Então, além dessa reserva para uso futuro, também servirá como meio de emergência. Mesmo que tenhamos pensamento positivo, de que tudo vai ficar bem, torna-se indispensável ter os pés no chão e fazer essa economia.

Outro modo é ter uma reserva empresarial futura para dar suporte aos períodos de crise e de recessão financeira, a que fatalmente também estamos sujeitos. Nos períodos de crise, além de exigir que tenhamos resiliência, é essencial ter o dinheiro guardado para superar os dias difíceis, financeiramente falando. O valor mensal a ser destinado para esse fim vai depender da decisão e das condições de cada empresa ou negócio. Estabeleça um percentual do qual você possa manter consistência de reservar mensalmente.

Lembre-se de que anteriormente falamos de que deveria guardar 10% para você? Pode, inclusive, até aumentar esse percentual ou destinar uma parte para economias. Enquanto não precisar desse dinheiro, ele deve ficar crescendo, em aplicações de baixo risco, que tenham liquidez imediata, de forma que a qualquer momento você possa fazer o resgate e que tenha uma boa rentabilidade.

7. Aumente sua capacidade de ganhar

Invista nos seus dons e talentos, estude, aprenda algo novo que gere renda extra.

Para qualquer pessoa, aplicar em conhecimento e estar nos lugares certos com as pessoas certas fará toda diferença na sua vida. Com isso, aprenderá sobre as tendências do mercado, ampliará a sua mentalidade e visão, abrirá portas para novos negócios, parcerias e, assim, aumentará a capacidade de ganhos ou investimentos. Isso sempre tomando cuidado para não perder o foco e atenção dos negócios, que são a sua atual fonte de renda.

CONSIDERAÇÕES SOBRE FINANÇAS QUE SEMPRE É BOM SABER

Para quem não conhece muito sobre finanças, é importante aprender alguns termos e ferramentas básicas. A boa gestão dos recursos financeiros permite que a empresa ou o negócio faça frente a todos os seus compromissos com a família, colaboradores, fornecedores e demais pessoas interessadas. Com isso, conseguimos nos sentir melhor e dormir em paz.

Nem todos os empresários e empreendedores gostam ou têm talento para cuidar das finanças, de cálculos e planilhas. Por isso, devemos delegar essa tarefa para a pessoa da família, da empresa ou de um escritório de contabilidade que tenha mais habilidade para cuidar disso. No entanto, é imprescindível que o gestor acompanhe muito de perto a evolução financeira da empresa.

Reitera-se que precisamos focar nossa energia naquilo que temos mais aptidão. No nosso trabalho nem tudo vai ser fácil ou agradável de se fazer. Muitas vezes, temos que realizar tarefas consideradas chatas, mas que são necessárias. Precisamos executar o que tiver que ser feito, gostemos ou não!

Rentabilidade é o lucro ou o prejuízo que temos sobre o capital que investimos. A liquidez é o dinheiro que temos para pagar as contas e investir. Muitas empresas, apesar de serem lucrativas, não têm a liquidez necessária para honrar os compromissos de curto prazo. Isso ocorre devido à maneira como são captados os recursos e o modo que são aplicados.

Para garantir liquidez, é necessário avaliar as políticas de estoque, políticas de concessão de prazos de pagamentos, prazo médio de recebimento das vendas etc. Baixa liquidez gera problemas no crédito junto aos fornecedores, ou seja, o dinheiro fica insuficiente para pagar as contas, gera encargos financeiros e não podemos aproveitar as oportunidades. Enfim, quando estamos com baixa liquidez (falta de dinheiro mesmo), preocupamo-nos e acabamos perdendo o sono.

Os gestores precisam buscar a harmonia entre os níveis de rentabilidade e liquidez. Ou melhor, garantir um nível de lucro satisfatório e, ao mesmo tempo, garantir que a empresa tenha a liquidez necessária (dinheiro para pagar as contas).

É primordial tomar cuidado ao querer forçar a liquidez, aumentando preços ou cortando custos. Não estou me referindo aos desperdícios que carecem ser cortados, pois, além de custar dinheiro, não agregam valor aos nossos produtos e serviços. Também é necessário que esteja muito claro o que é custo e o que é investimento.

Assim, não corremos o risco de fazer cortes tolos, como o cafezinho ou os mimos e agrados que se faz aos clientes, colaboradores e fornecedores. Custo é como unha, tem que ser cortado sempre! Podemos dizer o mesmo das despesas, mas cuidado para não se empolgar e acabar cortando o dedo, pois unha volta a crescer, mas o dedo não! Cortem as unhas, e não a carne!

Para que se faça o devido controle financeiro, são necessários alguns instrumentos básicos rotineiros, tais como fluxo de caixa, controle de contas a receber e a pagar, demonstrativo de resultados, orçamentos, balanço patrimonial, entre outros.

Caso não tenha habilidade para cuidar das finanças, pode eleger um "guardião de confiança" para ajudá-lo nessa tarefa. Ao conhecer os controles financeiros básicos, ficará mais fácil delegar a alguém com mais talento para essa área. Mesmo assim, é preciso que você acompanhe os resultados.

Em finanças, usa-se o termo "regime de caixa" para reconhecer as receitas e despesas apenas quando ocorrem entradas e saídas de caixa (efetivamente). Na contabilidade, utiliza-se a expressão "regime de competência" para reconhecer as receitas no momento da venda e as despesas, quando acontecerem, independentemente de haver fluxo de caixa.

INSTRUMENTOS DA GESTÃO FINANCEIRA

O fluxo de caixa é uma previsão (orçamento) de contas a pagar e contas a receber num curto período. Algumas empresas o fazem diariamente, semanalmente ou quinzenalmente, de acordo com a necessidade. Tem por objetivo identificar com antecedência o volume de recursos que será obtido pelo aumento das receitas da empresa ou procurado em fontes de créditos.

Um bom controle de contas a receber está ligado à sua política de crédito com os clientes. Deve-se considerar a forma como o crédito é concedido, bem como a política de cobrança e de descontos.

No controle de contas a pagar, normalmente, segue-se a política de crédito das empresas com as quais a sua se relaciona ou tenha negócios.

O demonstrativo de resultados do exercício (DRE) é uma demonstração contábil dinâmica que se destina a evidenciar a formação do resultado líquido em um exercício, por meio do confronto dos custos, receitas e despesas, apurados segundo o princípio contábil do regime de competência (receitas, no momento da venda, e as despesas, quando acontecerem, independente se houverem entradas ou saídas no caixa).

O balanço patrimonial é um registro comprobatório da situação financeira de uma empresa em um dado período. É o retrato financeiro da empresa. Compõe-se de contas positivas o ativo (bens e direitos) e de negativas, o passivo (obrigações financeiras da empresa).

1. **Custos diretos:** são os custos que podem ser apropriados diretamente ao produto, ou seja, facilmente relacionados às unidades de alocação de despesas (produtos, processos, setores etc.). Ex.: matéria-prima, mão de obra (direta), depreciação de máquinas, energia elétrica e outros. Eles podem ser fixos ou variáveis.
2. **Custos indiretos:** são aqueles que devem ser alocados de maneira arbitrária ou estimada, não havendo uma medição direta ou exata; logo, necessitam de rateio (divisão), os quais podem ser feitos por meio de vários critérios. Ex.: aluguel, supervisão, chefias, entre outros. É importante lembrar que a relação de custo direto e indireto é somente no que se refere ao produto ou serviço. Eles podem ser fixos ou variáveis.
3. **Custos fixos:** são os que independem do volume de produção ou de vendas, isto é, não mudam com as oscilações das quantidades produzidas. Ex.: aluguel, salário dos gerentes.
4. **Custos variáveis:** são aqueles que variam conforme o volume de produção ou de vendas, ou melhor, crescem com o aumento do nível de atividade da empresa, na mesma proporção. Ex.: comissões, matéria-prima.

MARGEM DE CONTRIBUIÇÃO

Margem de contribuição é a diferença entre as receitas de vendas de um produto ou serviço e os seus custos variáveis. Contribui para o pagamento dos custos fixos da empresa.

Conhecer a margem de contribuição de um produto ou de um serviço se torna útil para a empresa a saber se o preço de venda paga o custo variável deste produto ou serviço. Também serve para saber se o preço de venda é suficiente para cobrir o custo fixo da empresa e gerar lucro.

Podemos destacar que a margem de contribuição é a parcela do preço de venda ou da receita bruta que contribui para pagar os custos fixos totais — o que explica o nome.

PONTO DE EQUILÍBRIO (PE)

O ponto de equilíbrio pode ser definido como o valor ou a quantidade que a empresa precisa vender para cobrir os gastos com as mercadorias vendidas (despesas variáveis + despesas fixas).

Ele permite planejar como e quanto a empresa terá que trabalhar para que a sua atividade gere lucro. Ou seja, é um indicador de segurança que demonstra o quanto é necessário vender para que as receitas se igualem aos custos.

Existem várias formas de medir o ponto de equilíbrio de uma empresa, sendo que os três mais usados são: ponto de equilíbrio contábil, ponto de equilíbrio econômico e ponto de equilíbrio financeiro.

- Ponto de equilíbrio contábil (PEC): quando a receita total se iguala ao total de custos e despesas financeiras da empresa. Um faturamento inferior a esse valor indica que a empresa teve prejuízo e não terá recursos financeiros em caixa para pagar as suas contas mensais.
- Ponto de equilíbrio econômico (PEE): permite conhecer o nível de receita total (vendas), em que a empresa além de cobrir os custos fixos gera lucro desejado. Em outras palavras, é o valor de receita total (vendas) em que a margem de contribuição gerada pelos serviços/produtos/mercadorias vendidas iguala-se aos custos fixos somados ao lucro desejado.
- Ponto de equilíbrio financeiro (PEF): permite conhecer o nível de receita total (vendas) em que a empresa, além de cobrir os seus

custos fixos e o lucro desejado, também cobrirá as amortizações financeiras de imobilizados, leasing, consórcios, parcelamento de impostos. Está relacionado aos valores que não são lançados na estrutura gerencial de resultados, mas que mensalmente devem ser pagos pela empresa.

PARA REFLETIR sobre este capítulo:

1. O que isso significa para mim?
2. Como aplicar isso na minha vida e nos meus negócios?
3. A partir disso, qual é a ação que vou tomar hoje?

> *"Antes te lembrarás do Senhor teu Deus, que ele é o que te dá força para adquirires riqueza."*
>
> Deuteronômio 8:18

CAPÍTULO 7

AMOR E ALMA NO PLANEJAMENTO: *aproveite bem o seu tempo*

Consagre ao Senhor tudo o que você faz, e os seus planos serão bem-sucedidos. (Provérbios 16:3)

TÓPICOS ESSENCIAIS DESTE CAPÍTULO:

- Planejamento para saber para onde se está indo.
- A organização começa na visualização dos nossos sonhos.
- Estruturação e cuidado com o tempo reduzem o estresse e a ansiedade.
- Foco naquilo que é essencial e prioritário.
- Dilemas da produtividade não são só métodos ou técnicas.
- Em primeiro lugar, nosso espírito precisa estar em paz.
- Frequência alta de emoções, frequência de Deus.
- Fé é combustível para manter a concentração.
- Sete pecados capitais da produtividade.
- Leis e princípios universais aplicados à produtividade.
- Prenda seus ladrões do tempo.
- Sucesso se constrói fazendo uma coisa de cada vez.
- Tempo de aprendizagem é recompensado valiosamente.

A felicidade deve fazer parte de toda a busca pelos nossos sonhos, mas não pode se tornar um objetivo a ser alcançado no futuro, pois o alcance dos sonhos, sim, está no futuro. Nesse caminho, é relevante ter metas concretas e saber quais recursos precisamos, como faremos para chegar lá e quais estratégias utilizaremos.

Como o planejamento se refere a algo futuro, para pessoas ansiosas, pensar nele pode causar algum desconforto. No entanto, o intuito de fazê-lo é justamente liberar espaço na mente, fracionando intenções, de forma a realizarmos uma coisa e um dia por vez. Se bem feito e bem gerenciado, o planejamento é uma ótima ferramenta para gerir o estresse e reduzir a ansiedade.

Visto que o cenário tem mudado rapidamente, o planejamento hoje deve ser feito com prazos mais curtos e metas revistas com maior periodicidade; ele precisa estar presente tanto nas nossas vidas pessoais como nas instituições. É necessário saber onde estamos e aonde queremos chegar.

PERGUNTAS A SEREM FEITAS ANTES DE COMEÇAR A PLANEJAR

No que se refere à empresa ou à família, o planejamento, seja de curto, médio ou longo prazo, é uma tarefa multidisciplinar. Ele precisa estar alinhado a todos os setores ou pessoas ligadas à empresa ou mesmo à casa. Contudo, há algumas perguntas que precisamos fazer:

1. "Onde estamos?": é o nosso ponto de partida. Refere-se à realidade atual, em que estão inclusos os nossos comportamentos e ações.
2. "Aonde queremos chegar?": ou seja, para onde queremos ir.
3. "Para onde o ambiente nos empurra?": nesta etapa, precisamos analisar as pessoas com quem andamos, pois elas exercem influência sobre nós e sobre nossos resultados. Por isso, sempre que possível, escolha com quem você quer andar.

4. "Como chegar lá?": neste ponto residem as mudanças de pensamento, em que sentimentos, comportamentos e ações nos conduzirão ao local ou aos resultados a que queremos chegar.

O planejamento começa na visualização dos nossos sonhos. Aonde queremos chegar é o primeiro passo; depois disso, devemos escrevê-lo. Porém nada adianta começar a planejar se você não tiver fé. Isso mesmo, fé! Ela vai muito além de estruturar e ter esperança de que as coisas melhorarão ou que atingiremos os nossos objetivos. Porque ter fé é ter certeza, ter convicção de que vamos conseguir o que desejamos, muito antes de ver. Ela é o combustível que faz com que não desanimemos e continuemos focando nas coisas que precisam ser feitas.

Por isso, antes de planejarmos, precisamos consultar Deus e observar se o que queremos está alinhado aos planos que Ele traçou para nós. Após isso, Ele nos dará as instruções.

Como assim? Eu vou ter que contratar um especialista para me ajudar nisso? Talvez possa ser necessário. No entanto, ao ter fé e pedir orientação a Deus, Ele colocará os especialistas e mentores certos para ajudá-lo, pessoas que tenham valores alinhados aos seus.

> *Faze-me ouvir do teu amor leal pela manhã, pois em ti confio. Mostra-me o caminho que devo seguir, pois a ti elevo a minha alma.* (Salmo 143:8)

Lembrando que existem muitas coisas na vida sobre as quais não temos controle. A qualquer momento, os nossos planos podem ir por água abaixo, principalmente se eles não estiverem alinhados à vontade de Deus — simples assim!

Sempre sugerimos antes de fazer novos planos que busquemos em primeiro lugar a orientação de Deus para depois partir para a execução. Na fase de ação, existem algumas ferramentas de planejamento que podem deixar isso mais visível. Algumas questões estratégicas a serem analisadas são apresentadas nas figuras a seguir de forma bem didática:

QUESTÕES ESTRATÉGICAS

O que vou ser quando crescer?	**Visão**
O que devo fazer para chegar lá?	**Missão**
O que pretendo atingir?	**Objetivo**
Como alcançar o objetivo?	**Metas**
Como eu chequei até aqui?	**Forças e fraquezas**
O que pode acontecer no futuro?	**Ameaças e oportunidades**

PLANEJAMENTO ESTRATÉGICO:
COMO SERÁ MINHA EMPRESA NO FUTURO

Estratégias se referem ao modo como a empresa decide fazer as coisas, respeitando a sua relação com o meio ambiente para atingir seus objetivos, visando cumprir a sua missão.

Elas estão envolvidas com a visão (de futuro) e missão (imagem) da empresa e, principalmente, na busca dos objetivos da organização através das metas propostas que se pretende alcançar.

VISÃO	MISSÃO	OBJETIVO	METAS
Aonde a empresa quer chegar no futuro.	**É a imagem que as empresas se veem no futuro.**	**São os propósitos que a empresa se propõe a alcançar.**	**São as etapas que se pretende realizar para alcançar os objetivos previstos.**

Ao observar o quadro anterior, fica bem mais fácil compreender os termos estratégicos de uma empresa. Utilizamos, a seguir, o Google para exemplificar a visão, missão e os valores:

- **Visão:** ser o buscador de maior prestígio e o mais importante do mundo, além de oferecer um serviço gratuito e simples de usar que apresenta resultados relevantes em uma fração de segundo.
- **Missão:** organizar as informações do mundo para que sejam universalmente acessíveis e úteis para todos.
- **Valores:**
    - concentre-se no usuário e tudo mais virá;
    - é melhor escolher uma coisa e fazê-la muito bem;
    - rapidez é melhor que lentidão;
    - a democracia funciona na web;
    - você não precisa estar em sua escrivaninha para precisar de uma resposta;
    - é possível fazer dinheiro sem fazer o mal.

Muito mais do que frases bonitas colocadas na parede, a visão, a missão e os valores darão um norte, um direcionamento para fazermos o planejamento do nosso negócio ou da nossa empresa. Isso ocorre da mesma maneira nos nossos planos pessoais, em que precisamos ter esta clareza: aonde ir, como ir e com quem ir.

> *Quem caminha sozinho pode até chegar mais rápido, mas aquele que vai acompanhado, com certeza, vai mais longe.* (Clarice Lispector)

Existem diversas metodologias de gestão, no entanto, quanto mais simples e mais fácil de comunicar e envolver todos os colaboradores, melhor e mais eficiente será. A ferramenta 5W2H serve para fazer o plano de ação. Ela possibilita visualizar de modo descomplicado os questionamentos: o que fazer? Quem deve fazer? Por que fazer? Quando fazer? Onde fazer? Como fazer? Quanto dinheiro ou recursos são necessários?

FERRAMENTA 5W2H PARA CONSTRUÇÃO DO PLANO DE AÇÃO:

5 W	
What? (O que fazer?)	Refere-se às ações, metas e tarefas que devem ser realizadas.
Who? (Quem vai fazer?)	A quem cabe a responsabilidade de fazer.
Why? (Por que fazer?)	Motivações e justificativas que expliquem a importância de efetuar ações, metas e tarefas.
When? (Quando será feito? — cronograma)	Prazos a serem estabelecidos que as ações, metas e tarefas devem ser cumpridas (são as entregas).
Where? (Onde fazer?)	Localidade ou "não localidade", onde as ações, metas e tarefas devem ser executadas.
2 H	
How? (Como fazer?)	Com quais metodologias ou de que forma as ações, metas e tarefas devem ser executadas.
How much? (Quanto vai custar?)	Refere-se ao custo das ações, metas e tarefas que serão realizadas.

PLANEJAMENTO DO NOSSO TEMPO: COMO TER MAIS PRODUTIVIDADE?

Um dos nossos bens mais preciosos é o tempo. Você é dono do seu tempo? Ou qualquer um pode roubá-lo de ti?

Quando investimos tempo em algo que nos realiza, ele faz sentido, pois foi bem aproveitado. Ao ficarmos ocupados demais, não praticamos nossos sonhos. Corremos o risco de estarmos somente preenchendo o vazio da alma! O tempo jogado fora é aquele que você desperdiça por estar desorganizado, dispersando-se por não saber para que lugar está indo.

> *Tudo tem o seu tempo determinado, e há tempo para todo o propósito debaixo do céu.* (Eclesiastes 3:1)

Embora fazer várias coisas simultaneamente possa ser considerado uma habilidade, isso aumenta a ansiedade e cansa a mente. Esse sentimento diminui ao fazermos um planejamento e uma boa gestão de tempo.

A professora e filósofa Lúcia Helena Galvão diz que para estarmos lúcidos precisamos estar de corpo e alma no momento presente. Com base nisso, ela apresenta algumas dicas para gerenciarmos melhor o nosso tempo e lembrar que estar ocupado não é sinônimo de ser produtivo:

- Ter um sonho, um objetivo de vida e, a partir dele, direcionar o planejamento do nosso tempo e da nossa rotina.
- Ao se programar, deve-se localizar os elementos que podem te sabotar, como a preguiça, a desorganização etc.
- Ter foco e estabelecer as prioridades do dia te impedem de ser manipulado ou que alguém comande a sua agenda.
- Em vez de renunciar um compromisso por outro, abra mão da desorganização, da dispersão e dos momentos vazios. Se tirar essas coisas, cabe tudo!

> *Mas tudo deve ser feito com decência e ordem.* (1 Coríntios 14:40)

No livro de Geronimo Theml, *Produtividade para Quem Quer Tempo*, encontramos algumas verdades libertadoras sobre gestão do tempo e produtividade:

- Ocupar-se não é produzir: ele sugere programar de três a seis alarmes por dia no celular com o nome do alarme, por exemplo "nesse momento, você está se ocupando ou produzindo?".
- Lembrar que as tarefas nunca irão acabar: sempre que estiver com a sensação desconfortável de que seu dia, embora produtivo, tenha deixado pendências, lembre-se dessa verdade libertadora.
- Se você não tem agenda, acaba virando a dos outros: desabilite as notificações do celular e estabeleça um horário para responder mensagens (celular, redes sociais, e-mails etc.). Se for urgente, ligarão para você.
- Mais importante que a velocidade é a direção: quando se sentir angustiado, ao ver o quanto falta para atingir seu objetivo, pare, respire e observe o quanto você já avançou.
- O maior ladrão de energia é pensar em algo no momento em que você não pode fazê-lo: defina onde será o seu depósito de coisas que tem que fazer depois. Pode ser até o envio de uma mensagem para você mesmo para lembrá-lo daquela tarefa que não pode ser realizada na ocasião.
- Não tratar exceção como regra: acontecem atrasos, agendas desmarcadas, problemas técnicos que o impedem de realizar uma atividade. Para isso, é importante estabelecer um turno de exceção, um período da semana (pode ser manhã, tarde ou noite) em que você não marque compromissos e use para fazer esses ajustes.
- Lembrar que felicidade não é uma linha de chegada, ela é o próprio caminho: sempre que se pegar pensando no futuro, ou revivendo situações do passado como se fosse agora, diga para si: isso não está acontecendo, são só meus pensamentos. Vou voltar para o hoje!

Desvia os meus olhos das coisas inúteis; faze-me viver nos caminhos que traçaste. (Salmo 119:37)

Em resumo, esses autores, assim como tantos outros, orientam para que tenhamos um plano, saibamos delegar para focar e evitarmos as distrações. No entanto, todas as dicas, técnicas e ferramentas vão funcionar se nosso espírito, mente e corpo estiverem bem.

PARÁBOLA DO LENHADOR

No Alasca, um esporte tradicional da região é cortar árvores. Há lenhadores famosos, com domínio, habilidade e energia no uso do machado. Querendo tornar-se também um grande lenhador, um jovem escutou falar do melhor de todos os lenhadores do país. Resolveu procurá-lo.

— Quero ser seu discípulo. Quero aprender a cortar árvore como o senhor.

O jovem empenhou-se no aprendizado das lições do mestre, e depois de algum tempo, achou-se melhor que ele. Mais forte, mais ágil, mais jovem, venceria facilmente o velho lenhador. Desafiou o mestre para uma competição de oito horas, para ver qual dos dois cortaria mais árvores.

O desafio foi aceito, e o jovem lenhador começou a cortar árvores com entusiasmo e vigor. Entre uma árvore e outra, olhava para o mestre, mas, na maior parte das vezes, o via sentado. O jovem voltava às suas árvores, certo da vitória, sentindo piedade do velho mestre.

Quando terminou o dia, para grande surpresa do jovem, o velho mestre havia cortado muito mais árvores do que ele.

— Mas como é que pode? — Surpreendeu-se. Quase todas as vezes em que olhei, você estava descansando!

— Não, meu filho, eu não estava descansando. Estava afiando o machado. Foi por isso que você perdeu.

Se o machado está cego e sua lâmina não foi afiada,
é preciso golpear com mais força; agir com sabedoria
assegura o sucesso. (Eclesiastes 10:10)

O tempo utilizado para afiar o machado, que era a sua ferramenta de trabalho, foi recompensado valiosamente. Por isso, precisamos parar um pouco e analisar o que estamos fazendo, para onde estamos indo e de que forma podemos ser mais focados e produtivos. Pesquisar e estudar jeitos de otimizar o nosso tempo é um grande investimento.

Também é essencial ter uma rotina de cuidados pela manhã que possa incluir oração, meditação e uma alimentação equilibrada e saudável. Lembrando que, para termos um dia feliz, harmonioso e produtivo, a primeira coisa que devemos fazer e que deve ter prioridade máxima é alimentar e fortalecer a nossa intimidade, o nosso relacionamento com Deus todos os dias; orando, agradecendo, meditando e pedindo orientação. Devemos, antes de tudo, cuidar da saúde espiritual, mental e física, depois é que vêm as ferramentas de trabalho e de produtividade.

Cada pessoa pode adaptar a sua rotina e o tempo dedicado ao seu ritual da manhã de acordo com as suas preferências. Será preciso acordar mais cedo e resistir à tentação de dormir mais um pouquinho. Quando o despertador tocar, conte até três e diga: "Levanta-te e anda!" Por mais que mudanças nos hábitos causem desconforto e deem vontade de desistir no começo, seja determinado e insista até se acostumar.

Na passagem bíblica de Lucas 10:38–42, encontramos: "E aconteceu que, indo eles de caminho, entrou Jesus numa aldeia; e certa mulher, por nome Marta, o recebeu em sua casa; e tinha esta uma irmã chamada Maria, a qual, assentando-se também aos pés de Jesus, ouvia a sua palavra. Marta, porém, andava distraída em muitos serviços; e, aproximando-se, disse: Senhor, não te importa que minha irmã me deixe servir só? Dize-lhe que me ajude. E respondendo Jesus, disse-lhe: Marta, Marta, estás ansiosa e afadigada com muitas coisas, mas uma só é necessária; E Maria escolheu a boa parte, a qual não lhe será tirada."

Essa palavra nos leva a refletir sobre a importância de focar aquilo que é essencial. Quando recebemos uma visita o que é indispensável naquele momento? Dar a devida atenção à pessoa, e não ir para a cozinha preparar a comida, pois isso deveria ser feito antes.

Nas empresas é da mesma forma. No momento que chega um cliente, muitas vezes, os funcionários estão ocupados com a rotina dos afazeres e/ou preocupados com os seus problemas ou, ainda, "arrumando a casa", e não dão a devida atenção a ele. Se um cliente está ali, é porque ele precisa comprar algum produto ou serviço que atenda às suas necessidades e quer ser bem recebido para isso. Como queremos que ele saia: satisfeito com o atendimento ou desapontado?

Então, tanto nas empresas como em casa, a fim de se ter mais produtividade, é necessário ter o dia planejado e organizado, ao ponto de sabermos qual é a prioridade e a ordem em que as coisas devem ser feitas. Que tal trocar a frase "Quanto ganhei hoje?" por: "Quantas pessoas eu ajudei hoje? Quais foram os verdadeiros problemas que resolvi? Quanta felicidade pude levar para alguém, com o fruto do meu trabalho?" Isso é a verdadeira produtividade! Preocupamo-nos muito com a lista de tarefas e, às vezes, desperdiçamos tempo e talento em atividades inúteis. Não podemos perder de vista a missão pela qual começamos o nosso negócio.

> *A verdadeira produtividade nasce do alinhamento do nosso coração diante de Deus, para discernirmos questões como identidade, discipulado, vocação e momento.* (Allen Porto)

Você já parou para pensar que quando você não está bem emocionalmente é porque seu espírito está perturbado? No momento em que estamos nessa atmosfera negativa, pensamentos ruins tomam conta da nossa mente. Esses pensamentos, por sua vez, causam emoções de raiva, incapacidade, medo, desprezo, rejeição, enfim, uma série de sentimentos negativos que nos roubam a paz.

Conforme estamos nessa baixa frequência de emoções (negativas), não estamos na mesma frequência de Deus, do Criador, do Universo. Essas sensações acabam por roubar a nossa paz e, dessa forma, perdemos a concentração e o foco. Logo, ficamos menos criativos e menos produtivos.

Por isso, a reconexão com Deus pode acontecer devagar ou mais rápido, a depender de quanto tempo nos dedicamos ao relacionamento com Ele. Você já reservou um espaço na sua agenda para se relacionar com Deus?

Como podemos aumentar a intimidade com Ele todos os dias? Conversando, perguntando, como faríamos com um grande amigo que conhece bem nosso coração. Ouvir louvores, ler a Bíblia e colocar em prática os aprendizados. Na Bíblia, há o exemplo do profeta Daniel, que orava três vezes ao dia, mesmo havendo um decreto que proibia as pessoas de orarem. Nada o impedia de aumentar seu relacionamento com Deus todos os dias.

Não precisa se preocupar que ninguém o jogará na cova dos leões por ter mantido o hábito de orar, como foi feito com Daniel (ele saiu ileso, viu?). Além disso, podemos recorrer a Deus em qualquer momento, seja para agradecer pelo lindo pôr do sol que vemos sempre, mas que, na maioria das vezes, passa despercebido, ou ainda pela chuva ou por um sorriso que recebemos.

A Deus, podemos nos acudir a todo instante que nos sentirmos angustiados, perdidos, estressados, atarefados demais, cansados, com pensamentos ruins ou com medo. Também podemos pedir orientação antes de tomarmos qualquer decisão, seja complexa ou simples. Podemos perguntar o que ele quer que nós façamos, em que devemos colocar o nosso foco e prioridade.

Ao pedirmos orientação a Deus para tudo o que formos realizar, não perderemos tempo com distrações. Em primeiro lugar, nosso espírito precisa estar em paz para que nossa mente não seja contaminada pela negatividade, pois emoções de baixa vibração nos levarão a procrastinar. Ou seja, são elas que roubam nossa energia e nosso tempo.

SETE PECADOS CAPITAIS DA PRODUTIVIDADE

1. **Soberba (arrogância e orgulho):** achar que pode fazer tudo sozinho e que não precisa de ajuda de ninguém e querer deixar Deus de fora. "O Senhor detesta os orgulhosos de coração. Sem dúvida, serão punidos" (Provérbios 16:5). A punição para esse pecado é ficar sobrecarregado e estressado.
2. **Avareza (apego e mesquinharia):** não gostar de compartilhar os aprendizados nem as dificuldades; ser mesquinho, não querer gastar em cursos ou ferramentas que ajudem a melhorar sua produtividade. A pessoa avarenta quer trazer todas as atividades para si, centraliza tudo e não delega. "Sejam vossos costumes sem avareza, contentando-vos com o que tendes" (Hebreus 13:5).
3. **Inveja:** pessoas invejosas gastam tempo e energia se comparando a pessoas de sucesso, em vez de se inspirar nelas. A inveja nos faz perder o foco! Também querem imitar a produtividade dos outros e não respeitam seus limites. "Livrem-se, pois, de toda maldade e de todo engano, hipocrisia, inveja e toda espécie de maledicência" (1 Pedro 2:1).
4. **Ira:** ficar com raiva das tarefas que não gosta de fazer, mas que precisam ser feitas. Gastar tempo e energia reclamando, do contrário de partir para a ação. "O homem irritável provoca dissensão, mas quem é paciente acalma a discussão" (Provérbios 15:18).
5. **Luxúria (deixar-se dominar pelas paixões):** apegar-se ao perfeccionismo; desperdiçar tempo demais em coisas para querer ser elogiado ou receber aprovação. "Por isso digo: Vivam pelo espírito, de modo nenhum satisfarão o desejo da carne" (Gálatas 5:16).
6. **Gula:** querer fazer tudo ao mesmo tempo, estar no modo multitarefa. Também pode ser relacionado aos alimentos que reduzem a energia e nos deixam menos produtivos. "Não

ande com os que se encharcam de vinho, nem com os que se empanturram de carne. Pois, os bêbados e os glutões se empobrecerão, e a sonolência os vestirá de trapos" (Provérbios 23:20–21).

7. **Preguiça:** tem a ver com a procrastinação. Este é um fator crítico que interfere na produtividade. No entanto, não se cobre demais por se sentir melhor com uma hora a mais de sono, desde que não exceda as oito horas. O chamado efeito rebote acontece quando ficamos cansados ou sonolentos ao dormimos em excesso. "O preguiçoso deseja e nada tem, mas o desejo dos que se esforçam será atendido" (Provérbios 13:4).

COMO COMEÇAR A MUDAR OS HÁBITOS PARA SERMOS MAIS PRODUTIVOS?

Normalmente, as mudanças não são algo agradável para nossa mente e tendem a aumentar a ansiedade. Nosso instinto quer segurança e proteção. Transformações nos tiram da zona de conforto e bagunçam a nossa cabeça.

Mesmo que algumas pessoas digam que não gostam de rotina, ter um hábito faz com que nos sintamos mais seguros. Saber aonde vamos nos sentar, onde vamos colocar as nossas coisas — precisamos dessa segurança.

A nossa mente leva um tempo para se adaptar a situações novas. Por conta disso, da próxima vez que sentir vontade de jogar tudo para o alto, respire fundo e conte até dez, permita-se um período para acostumar-se às mudanças e aos novos costumes. Com uma rotina organizada, sentimo-nos mais seguros, pois ela reduz a ansiedade e o estresse. Tirar um tempo para planejar e organizar o dia a dia e as atividades é muito saudável.

O tempo todo procuramos acolhimento e segurança, e somente uma rotina bem definida nos dará isso, ela nos tira a sensação de estarmos perdidos. Por que muitas vezes os processos de separação, seja do namorado, marido ou mesmo uma perda de emprego causa tanto sofrimento? Porque saímos do habitual, da zona de conforto.

Assim, precisamos de um tempo de adaptação quando ocorrem tais mudanças. Tudo acaba se ajeitando e nos desesperamos e sofremos tanto por antecipação, não é mesmo? O que fazer quando a mente se desespera diante de uma modificação? Começar trabalhando a nossa espiritualidade, que é a base de tudo; conectar-se com Deus e pedir clareza, depois partir para as ações, para que não tomemos decisões erradas com base no processo de acomodação à nova rotina.

Não somos nós que devemos resolver os nossos problemas? Sim, no entanto, pedir uma orientação a Deus vai fazer toda a diferença na sua tomada de decisão. À medida que nos desesperamos, estamos no emocional e, ao pedir clareza, entramos no racional, que é onde encontraremos as soluções mais adequadas para cada situação.

Talvez você pense que Deus tem coisas mais importantes para fazer do que dar atenção aos seus pequenos problemas. Entretanto, para cada um de nós, há um espaço reservado na agenda Dele para nos atender; é só ter humildade de pedir. Porém, muitas vezes, somos orgulhosos e queremos fazer tudo sozinhos.

> *Chegai-vos a Deus, e ele se chegará a vós.* (Tiago 4:8)

Agora, você já aprendeu que Deus deve ser a nossa prioridade, pois, para termos um dia feliz, harmonioso e produtivo, devemos começar o dia alimentando nosso relacionamento com Ele. Depois disso, vêm as técnicas, pois nenhuma delas vai funcionar se saímos de casa correndo, no piloto automático e com a mente toda barulhenta.

LEIS E PRINCÍPIOS APLICADOS AO TEMPO E SUA RELAÇÃO COM A PRODUTIVIDADE

Existem muitas leis e princípios universais que podem ser aplicados à produtividade. A *Lei de Parkinson*, de autoria do historiador e escritor britânico Cyril Northcote Parkinson, de 1955, diz que: "O trabalho se expande de modo a preencher o tempo disponível para a sua realização." No artigo, Parkinson cita o exemplo de uma senhora idosa escrevendo um cartão para a sobrinha. Como é a única tarefa que ela tem para o dia, a tendência é que leve o ele todo.

Isso nos faz refletir sobre quando estipulamos prazos para determinadas tarefas. Já parou para pensar que, conforme solicitamos algo com muita antecedência, as coisas tendem a ser entregues em cima da hora? Isso pode levar a erros e o trabalho tem a possibilidade de não ficar tão bom porque não houve espaço de tempo (determinado) para amadurecê-lo ou aprimorá-lo.

Outro exemplo é quando estamos vendendo um produto e colocamos um período muito longo para inscrição ou compra, pois grande parte das pessoas deixará para última hora. Em algumas instituições, em comitês ou grupos de trabalho, por exemplo, quanto mais pessoas realizarem determinada tarefa ou tomarem alguma decisão, maior será o tempo de resolutividade. Grupos menores tendem a ser mais eficientes nesse caso.

O princípio da inércia, de Isaac Newton, diz que: "Todo corpo permanece em um estado de velocidade constante, a menos que seja atingido por uma força externa desequilibrada." Desse modo, o corpo que está em repouso tende a querer ficar em repouso. Isso pode ser aplicado à produtividade quando pensamos a respeito da procrastinação ou modificação de hábitos. O nosso corpo e a nossa mente acostumam-se com determinadas tarefas e querem continuar naquele mesmo estado, por isso é tão difícil ou desconfortável mudar.

O princípio de Pareto, ou a conhecida regra dos 80/20, pode ser definida na produtividade como: 20% das tarefas que você realiza correspondem a 80% dos resultados. Aí entra a importância de elencar prioridades. Então, se o objetivo na empresa é gerar vendas, o foco deve ser direcionado para ações que resultem nelas.

MANTENHA O FOCO, EVITE DISPERSÕES

No livro *A Única Coisa*, de Gary Keller e Jay Papasan, aborda-se a ideia de que, mediante uma única coisa (prioridade), ocorre um efeito dominó, em que, ao mexer uma peça, as demais vão se movimentando. Para eles, constrói-se o sucesso de maneira sequencial, fazendo um determinado elemento por vez.

A seguir, algumas das principais frases usadas pelos autores que sintetizam a ideia da "única coisa":

1. Qual é a única coisa que eu posso fazer, de modo que, ao realizá-la, todas as outras se tornam mais fáceis ou desnecessárias?
2. Até que minha única coisa seja feita, tudo mais é distração!
3. Uma única coisa é o melhor caminho para você conseguir o que quer.

Esses autores revelam algumas mentiras que aprendemos a respeito da produtividade:

- Tudo importa igualmente — Não! Precisamos focar a prioridade.
- É bom ser multitarefas — Não! Além de estressar e aumentar o índice de erros, não leva à excelência.
- É bom ter uma vida disciplinada — Não! Disciplina nem sempre é sinônimo de resultado, embora seja eficiente adquirir bons hábitos.
- A força de vontade está sempre à disposição — Não! Nem sempre estamos dispostos ou produtivos, e a força de vontade precisa ser exercitada.
- Podemos ter sempre uma vida equilibrada — Não! Apesar de tentarmos equilibrar o nosso tempo em todas as áreas da vida, isso vai depender do que é prioridade no momento.
- Ser grande é ruim — Não! O medo de crescer ou de ter sucesso acaba nos sabotando.

Eles destacam que é fundamental separar um tempo das nossas atividades para planejarmos. Antes de tudo, é preciso saber para onde queremos ir, depois estabelecer os objetivos principais e, em seguida, distribuí-los no dia, na semana, no mês e assim no ano. É importante ter foco nas atividades prioritárias a todo dia, assim como, ao invés de aumentá-lo, é preciso reduzi-lo a uma única coisa. Pense numa lanterna, que quando você aumenta o foco, a luz fica mais difusa, ilumina mais e com menos intensidade. No entanto, se você quer ver algo mais de perto e de maneira mais nítida, é preciso diminuir esse foco, para iluminar o que é mais importante.

Por fim, depois de entendermos como as leis universais podem ser aplicadas à produtividade, verificamos quem são os seus ladrões de tempo. A partir daí, lançamos mão de algumas técnicas, tendo dias mais produtivos e com melhores resultados. A escritora Tathi Deândhela cita alguns ladrões de tempo que podem estar atrapalhando a nossa produtividade.

Escreva no seu caderno qual deles você vai "prender", a começar de hoje:

- **Urgência dos outros:** quando a desorganização do outro se transforma na sua urgência. Para prender este ladrão de tempo, é preciso aprender a dizer não.
- **Rotina de trabalho excessiva:** ficar sobrecarregado por não delegar ou não pedir ajuda. Para prender este ladrão de tempo, é preciso ser humilde, pedir ajuda e saber dizer não.
- **Interrupções:** quando alguém o interrompe nos momentos em que você precisa se concentrar. Estabelecer regras de convivência, como avisos na porta, para indicar os momentos em que não quer ser interrompido pode ajudar.
- **Reuniões improdutivas:** quando falta decisão/solução ou direcionamento ou não há pauta e não se sai com nenhuma solução, a não ser marcar outra reunião. Seja numa reunião no trabalho,

no condomínio ou em casa, ou ao ter aquela conversa difícil com alguém (a famosa "DR"), saia com uma solução pelo menos.

- **Telefonemas, WhatsApp, e-mails, redes sociais:** ficar interrompendo o que está fazendo para responder as mensagens cada vez que aparece uma notificação tira o foco e a concentração. Para prender este ladrão de tempo, sugere-se estabelecer períodos durante o dia ou blocos de tempo para responder as mensagens. Assim, você preserva os momentos em que precisa estar concentrado em alguma tarefa específica.
- **Medo do caos:** dado que a gente foque aquilo que é prioridade, algumas coisas vão ficar para trás e pode ser que um pequeno caos se instale. Exemplo: ao focar o trabalho ou o cuidado com as crianças, pode ser que a casa fique uma bagunça. No entanto, é o preço que se paga para se concentrar no que é mais importante.
- **Maus hábitos de saúde:** não cuidar da saúde para ter mais tempo para o trabalho, além de nos tornar improdutivos e estressados, pode nos custar tempo e dinheiro no longo prazo.
- **Quando o ambiente não o apoia em seus objetivos:** tanto as pessoas que estão ao seu redor como o ambiente precisam estar alinhados com os seus objetivos. Ou seja, não dá para focar uma única coisa quando a casa está desabando sobre sua cabeça.
- **Atrasos:** tanto você como os outros têm compromissos agendados. Então, seja pontual e cobre o mesmo de outras pessoas.
- **Erros e retrabalho:** ao querer realizar as tarefas rápido demais, não tendo tempo para revisá-las, pode levar a ter que dedicar mais tempo para consertar os erros.
- **Falta de planejamento das atividades externas:** conforme tiver que sair para a rua, procure levar tudo anotado em uma lista e realizar o máximo de tarefas que precisar fazer ou comprar para não ter que sair novamente.
- **Falhas na comunicação:** às vezes, não prestamos atenção ao que a outra pessoa está falando. Ou, quando escrevemos ou lemos uma

mensagem, já respondemos sem analisar direito, o que pode nos levar a erros e conflitos, tudo por falta de uma comunicação clara.

- **Crises e conflitos entre as pessoas:** quando não resolvemos as divergências com outras pessoas e ficamos arrastando adversidades, além de roubar energia, isso nos deixa tristes. Portanto, sempre que possível, é bom deixarmos as coisas esclarecidas, em vez de carregarmos mágoas ou tentarmos adivinhar o que a outra pessoa está pensando ou sentindo. Não pressuponha, pergunte!

Além desses ladrões de tempo, existem outros: desorganização pessoal, não tomar decisões, falta de concentração, procrastinação, ficar muito tempo nas redes sociais e televisão, estresse e barulhos da mente.

Também é preciso que tenhamos cuidado com a palavra “mas”. Esse termo é usado principalmente como conjunção para introduzir uma contrariedade, uma adversidade ou oposição. Logo, nós a usamos como desculpa para não fazer o que tiver que ser feito.

Exemplos:

- Gostaria de escrever um livro, mas estou com muitas coisas para fazer.
- Gostaria de ser mais produtivo, mas minha família não me ajuda.
- Gostaria de terminar esse projeto, mas não estou com tempo.
- Gostaria de comprar seu curso, mas não tenho dinheiro.
- Eu quero emagrecer, mas...
- Eu quero parar de fumar, mas...
- Eu gostaria muito de ir ao cinema com você, mas...

Nas vendas, se um cliente diz: eu gostaria de comprar um produto, mas... Você pode aprender a contornar objeções, ou seja, ajudar a pessoa a parar de procrastinar e resolver o problema que a está incomodando. Muitas vezes temos um medo ou um problema que essa expressão, se bem entendida, pode sinalizar uma solução.

Quando contornamos a objeção, não estamos sendo chatos, mas sim ajudando o outro a tomar consciência do transtorno e tomar uma decisão para resolvê-lo. Se a gente desviar dos contratempos corretamente e a pessoa não comprar o produto é porque a frase inicial ou o desejo não são verdadeiros, assim, o indivíduo falou aquilo para não desagradar. Aprenda a contornar objeções com diálogo, isso nos ajuda a ganhar tempo e efetividades nas negociações.

Em Êxodo 4, encontra-se um diálogo entre Deus e Moisés que nos ajuda a aprender a circundar tais objeções. Deus o escolheu para a nobre missão de libertar o povo da escravidão no Egito e conduzi-los à Terra Prometida. No entanto, Moisés não se achava um bom orador, tinha dificuldade na fala e não tinha confiança em si. Com isso, tentou argumentar e arrumar algumas desculpas para não assumir o chamado.

Moisés: "Quem sou eu?"

Deus: "Não importa quem você é.
Eu serei contigo."

Moisés: "Quem é você?"

Deus: "Eu Sou o que Sou.
Eu Sou tudo que você precisa."

Moisés: "E se eles não me ouvirem?"

Deus: "Mostre os Meus sinais que eles ouvirão você."

Moisés: "Eu nunca fui bom orador."

Deus: "Adivinha quem fez a sua boca?"

Moisés: "Sei que pode encontrar outro melhor."

Deus: "Vou deixar que Arão vá com você. Mas mesmo assim, você irá conduzi-lo."

Sendo assim, Deus acabou contornando as objeções (os "mas", as desculpas) de Moisés, e ele se encorajou para cumprir a missão que lhe foi destinada.

PARA REFLETIR sobre este capítulo:

1. O que isso significa para mim?
2. Como aplicar isso na minha vida e nos meus negócios?
3. A partir disso, qual é a ação que vou tomar hoje?

"Tudo tem o seu tempo determinado, e há tempo para todo o propósito debaixo do Céu."

Eclesiastes 3:1

CAPÍTULO 8

AMOR E ALMA NOS RESULTADOS: COLOCANDO EM PRÁTICA OS APRENDIZADOS *na empresa e na vida pessoal*

"Quem fica observando o vento não plantará, e quem fica olhando para as nuvens não colherá."
(Eclesiastes 11:4)

TÓPICOS ESSENCIAIS DESTE CAPÍTULO:

- Ferramenta 1: diagnóstico emocional do negócio.
- Ferramenta 2: nível de satisfação da equipe.
- Ferramenta 3: criando equipes de alta performance.
- Ferramenta 4: desenvolvendo líderes de alta performance.
- Ferramenta 5: estratégias para a satisfação dos clientes.
- Ferramenta 6: analisando a gestão financeira.
- Ferramenta 7: planejamento 360º.

Deixamos os exercícios para o final de forma que pudesse atender àqueles que gostam de "maratonar" um livro do início ao fim e fazer os exercícios depois. Assim como aos que também preferem saborear os livros devagar e ir aplicando, colocando em prática os ensinamentos dos capítulos.

Não podemos afirmar qual é a melhor maneira para instruir-se; cada um pode escolher o que lhe couber melhor. No entanto, é necessário colocar tais dados em prática, pois de nada adianta "devorarmos" livros se não refletirmos sobre o que aprendemos ou se não praticarmos.

É primordial que, quando fazemos um curso, possamos colocar as atividades em vigor, uma vez que só a teoria não nos tira do lugar onde estamos. Agora, é importante que você tire um tempo para fazer essa análise.

Neste momento, a sua mente pode estar te dizendo: "Para que perder tempo com isso"; "Não tenho tempo para isso..."? Às vezes, ela faz assim mesmo. Logo, é indispensável que nesta tarefa você determine quem manda na sua empresa: você ou a sua mente!

Já que é você quem está no comando agora, então pegue um caderno e uma caneta e comece a fazer a atividade pensando carinhosamente nos seus clientes, que são as pessoas que fazem sua empresa prosperar e ser lucrativa. Afinal, não podemos dirigir um carro lendo apenas o manual, para aprender, é preciso praticar continuadamente! Vamos lá?

Caso costume compartilhar os seus livros com outras pessoas e não queira expor sua intimidade, você pode fazer uma cópia desta parte do livro e preencher separadamente.

Se você quer que seus filhos ou colaboradores parem de procrastinar, façam as coisas e dediquem-se na busca por inovações, seja você um exemplo. Pois, conforme a frase normalmente atribuída a Confúcio: "A palavra convence, o exemplo arrasta!" Enquanto líderes, temos esse poder de influenciar as pessoas com quem convivemos e ser um modelo é uma grande mensagem!

> *O que vocês fizerem façam de todo o coração, como se estivessem servindo o Senhor e não as pessoas.*
> (Colossenses 3:23)

Sugerimos que tire um tempo para responder aos questionamentos das ferramentas. Isso vai fazer toda diferença nos resultados. Temos certeza de que você obterá muitos frutos ao colocá-los em prática. Para tornar a atividade mais prazerosa, procure ficar só, sem ser interrompido, coloque uma música agradável e mãos à obra!

> **Observação importante:** recomendamos que você seja um líder que inspire e que ensine. Compartilhe estes exercícios com a sua equipe.

Não temos controle sobre o que os outros irão pensar, sentir ou mesmo fazer, apenas realize a sua parte! Assim, contribuirá para termos melhores indivíduos no mundo. O que aprendemos no ambiente de trabalho, levamos para casa. Se você quer mudar o mundo, então comece a mudança em si mesmo e divida com as pessoas sob as quais exerce liderança ou que convivem com você.

FERRAMENTA 1: DIAGNÓSTICO EMOCIONAL DO NEGÓCIO

Desenvolvemos esta ferramenta com o objetivo de ajudar líderes e gestores a observarem seus pensamentos e sentimentos, tal como eles interferem nos resultados. Ela visa buscar o alinhamento entre o que você pensa, em relação à sua empresa, e o que você sente.

Pessoas que ocupam cargos de responsabilidade precisam estar fortalecidas para que possam fazer bem o seu trabalho e inspirar os seus liderados.

Por exemplo, algumas vezes, queremos muito aumentar as vendas e o faturamento da empresa, conseguir mais clientes, que a empresa seja próspera. No entanto, o sentimento que temos em relação àquilo que desejamos é inverso. Não acreditamos que os consumidores vão comprar mais ou que elevaremos o número de clientes, com isso, há um desalinhamento entre pensamento e emoção.

> *Tu guardarás em perfeita paz aquele cujo propósito está firme, porque em ti confia.* (Isaías 26:3)

O pensar vem da mente consciente (cabeça) e o sentir vem da mente inconsciente (coração). Quando esses dois estão em desarmonia, ocorre o desequilíbrio. Um exemplo disso é quando penso que sou uma pessoa feliz, mas, na verdade, sinto preocupação, tristeza, escassez, rejeição etc., não há congruência entre o pensar e o sentir.

Porém é fundamental buscar a coerência entre o que pensamos, como nos sentimos e o modo que agimos. Não temos controle do que acontece no mundo lá fora, mas podemos ter consciência e ressignificar o que acontece dentro de nós.

Na coluna da realidade pensada, descreva o que você pensa, como vê (racionalmente) a situação apresentada. Já na coluna da realidade sentida, você deve expor quais são os sentimentos que tem em relação à situação apresentada.

Quanto mais sincero for consigo, melhores serão os resultados que encontrará ao longo deste percurso. O que pensamos é o que queremos controlar e manipular. O que sentimos é o que se torna realmente verdadeiro em nós.

Atenção: caso você tenha um sócio ou sócia, é interessante que ambos preencham a ferramenta individualmente e depois comparem, reflitam e dialoguem sobre os resultados. Com isso, vocês poderão ver se os pensamentos e sentimentos em relação aos objetivos da empresa estão alinhados ou se precisam de alguns ajustes.

REFLITA E RESPONDA ÀS SEGUINTES QUESTÕES:

REALIDADE PENSADA:
O que eu penso e quero?

1. Qual é o objetivo da minha empresa?
   Aonde desejo que ela chegue?

   ____

   ____

   ____

   ____

2. Onde e como minha empresa está hoje neste cenário? Qual a situação real em que ela se encontra? (Pode escolher mais de uma alternativa.)

   ( ) Está em fase de crescimento.

   ( ) Está se recuperando.

   ( ) Os resultados estão superando as expectativas.

   ( ) A situação está estável.

   ( ) Não estamos encontrando saídas para driblar a crise.

   ( ) Está com muitas dificuldades.

   Escreva outras percepções sobre a realidade da sua empresa no cenário atual:

   ____

   ____

   ____

3. Alguém do meu ramo de negócio está obtendo sucesso no mercado neste momento? Quem?

   ____

   ____

   ____

4. Quais oportunidades podem estar surgindo no meu ramo de negócio e que eu ainda possa não ter percebido?

____

____

____

5. Que mudanças estão acontecendo na mente, nos gostos e atitudes dos clientes, em relação aos meus produtos e serviços?

____

____

____

6. Diante desta situação, o que a minha empresa poderia estar fazendo de diferente do que ela faz hoje? (Inovação/criatividade.)

____

____

____

REALIDADE SENTIDA: O que eu sinto de verdade?

1. O que sinto quando visualizo a minha empresa ideal no futuro?

   ( ) Feliz, animado.

   ( ) Esperançoso.

   ( ) Confiante.

   ( ) Desanimado.

   Outros sentimentos:

____

____

2. De que modo me sinto a respeito de como está minha empresa hoje? (Pode escolher mais de uma alternativa.)

   ( ) Feliz, animado.

   ( ) Esperançoso.

   ( ) Confiante.

   ( ) Desanimado.

   Descreva os seus sentimentos em relação à situação atual da sua empresa nesta conjuntura:

   ____

   ____

   ____

3. Como eu me sinto em relação a essas pessoas ou empresas?

   ____

   ____

   ____

   ____

   Percebo sentimentos de comparação, inferioridade ou superioridade?

   ____

   ____

   ____

   ____

4. Como eu me sinto em relação a essas oportunidades?

   ____

   ____

   ____

   ____

5. Como me sinto no que se refere aos meus clientes e consumidores?

____

____

____

6. Como me sinto diante disso?

____

____

____

____

A seguir, estabeleça um horário em que você fará afirmações até perceber que conseguiu livrar-se dos sentimentos negativos que estão roubando a sua energia. Por exemplo: "Eu rejeito o sentimento de desânimo; eu rejeito o sentimento de comparação..." Faça isso com cada uma das emoções negativas que listou acima. Ensine isso também às pessoas que trabalham com você.

Não podemos ter sucesso se carregarmos todo esse lixo mental que nos deixa entristecidos e que nos coloca para baixo. Pessoas de sucesso se livram desses pesos que roubam a energia e a paz.

FERRAMENTA 2: NÍVEL DE SATISFAÇÃO DA EQUIPE

Por meio de perguntas, procure levar gestores a identificarem o nível de motivação das equipes. Quando fazemos os questionamentos certos, a nossa mente se abre para buscar novas possibilidades, em vez de focar a autoacusação ou a autocrítica.

Para aplicar esta ferramenta, agende previamente com a equipe, num local agradável, em que todos se sintam confortáveis. Reserve no mínimo duas horas para esta atividade.

1ª etapa: explique que o objetivo desta tarefa é descobrir como está a motivação da equipe, a fim de que, a partir daí, ações de melhorias sejam postas em prática.

2ª etapa: coloque uma música tranquila e dê tempo para que todos possam responder. É interessante que os gestores façam esta atividade junto da equipe. Isso vai criar uma energia muito bacana entre vocês.

1. Cite duas coisas que te deixam satisfeito na empresa.

____
____
____
____
____

2. Cite duas coisas que poderiam ser melhores na empresa para que você se sentisse mais feliz.

____
____
____
____
____

3. Cite dois talentos ou habilidades especiais que você tem e que poderiam ser aproveitados pela empresa.

____
____
____
____
____

4. Cite duas ferramentas ou condições das quais você precisa para poder fazer um trabalho com mais qualidade.

____

____

____

5. Cite dois cursos que gostaria de fazer para se aprimorar.

____

____

____

____

6. Cite duas sugestões de mudanças no seu setor ou na empresa que, se forem implementadas, nos fariam ganhar mais tempo.

____

____

____

____

7. Cite duas mudanças que você pode começar a fazer, em casa ou na empresa, para ter mais saúde (física, emocional e espiritual).

____

____

____

____

3ª etapa: depois que todos tiverem respondido, deixe que cada um compartilhe aquilo que sentir vontade. Você pode estimular comentando alguns pontos que você sugeriu. Isso encorajará a equipe.

4ª etapa: anote em um quadro ou em um flipchart as sugestões que podem ser executadas para melhorar a motivação da equipe.

FERRAMENTA 3:
CRIANDO EQUIPES DE ALTA PERFORMANCE

É importante que se tenha uma rotina de cuidados com a nossa tríade: espírito, mente e corpo. Que tal adotar um dia para a equipe ter alta performance dentro da empresa? Que tal ter o jeito de ser da sua instituição, ou o estilo de vida da empresa e das pessoas que trabalham nela?

1ª etapa: *brainstorming* (tempestade de ideias) — é uma técnica utilizada para buscar ideias que tragam soluções aos problemas. Ou ainda para criar coisas novas.

Com a utilização de um quadro ou cartolina e canetas, o moderador escreve na primeira coluna os hábitos atuais que as pessoas mantêm na sua rotina e, na segunda coluna, serão colocadas sugestões de ideias de novos hábitos que possibilitem os membros da equipe a terem mais saúde espiritual, mental e física.

	HÁBITO ATUAL	HÁBITO DESEJADO
Saúde espiritual		
Saúde mental		
Saúde física		

2ª etapa: buscar consenso — depois de listar tudo e fazer uma votação para ver quais práticas podem ser adotadas pela equipe.

3ª etapa: manutenção — uma vez por semana, durante um mês, a equipe se reúne por dez minutos (pode ser presencial ou online), a fim de compartilhar as dificuldades que cada um está encontrando na nova rotina. Com isso, encontrarão apoio necessário para que consigam aos poucos efetuar novos costumes, que sozinhos teriam mais dificuldade.

Outra decisão que se pode tomar é colocar uns minutos de rotina nesses três pilares (espírito, mente e corpo) dentro do horário de trabalho.

FERRAMENTA 4: DESENVOLVENDO LÍDERES DE ALTA PERFORMANCE

Esta ferramenta foi feita para ser aplicada aos líderes. O objetivo é trazer reflexões sobre autoliderança e melhorar a comunicação com a equipe.

De acordo com o que consta no Capítulo 4, item *Líderes com alma*, nós vamos encontrar seis ações para ser mais gentil consigo mesmo: 1) autoconhecimento; 2) observar os pensamentos; 3) aceitar-nos do jeito que somos; 4) respeitar as próprias limitações; 5) gerenciar nossa agenda, planejar o dia e organizar o tempo; e 6) focar o positivo.

1. Liste três ações das seis citadas acima que você vai colocar em prática para desenvolver a autoliderança. Exemplifique como fará isso.

   ____

   ____

2. Cite duas dinâmicas que você pode usar para descobrir os talentos, hobbies e sonhos dos seus colaboradores? Exemplos: chamar individualmente para conversar, fazer uma dinâmica de grupo, fazer uma pesquisa etc.

   ____

   ____

3. Como você vai se comunicar melhor e dar feedbacks mais assertivos para as pessoas da sua equipe?

____

____

____

FERRAMENTA 5: DEFINIÇÃO DE ESTRATÉGIA PARA A FIDELIZAÇÃO DO CLIENTE.

Definindo o perfil do cliente e quais produtos podem atendê-lo

1. Descreva em um parágrafo qual o perfil do seu cliente com o máximo de detalhes possível (idade, sexo, renda, estado civil, profissão, preferências, gostos etc).

____

____

____

2. Com base no perfil encontrado, quais produtos e serviços a empresa pode oferecer para ajudar a resolver os problemas dele ou satisfazer as suas necessidades de consumo?

____

____

____

3. Quais recursos são necessários na sua empresa para oferecer esses produtos e serviços?

____

____

____

4. Quais emoções, experiências ou diferenciais você pode ofertar aos seus consumidores?

____

____

____

____

Posicionamento e entrega de valor

Valor é o que o cliente leva. Preço é o que ele paga. O posicionamento está relacionado ao fato de como queremos que o comprador enxergue a nossa empresa, marca ou produto.

1. Como você vai criar e entregar valor aos seus clientes? (Ex.: exclusividade, novidade, desempenho, redução de custo/risco, conveniência etc.)

____

____

____

____

____

2. Onde a sua empresa pode entregar valor? Como o seu cliente prefere ser atendido? (Ex.: em lojas físicas com atendimento presencial, com uma equipe de vendedores externos, via web/internet — por meio de e-mails ou redes sociais, por aplicativos no celular etc.)

____

____

____

____

3. Como a sua empresa pode se posicionar frente aos consumidores? Quais podem ser os diferenciais? Seu negócio/ empresa é especializado em quê?

____

____

____

Agradeça e ore todos os dias pelas pessoas que veem valor e amor nos seus produtos e serviços e que compram de ti.

FERRAMENTA 6: ANALISANDO A GESTÃO FINANCEIRA

Para que cuidemos bem do nosso dinheiro, é importante que sempre nos façamos as seguintes perguntas, antes de comprar algo ou assumir uma dívida:

1. Eu preciso disso?

____

____

2. Eu preciso disso agora?

____

____

3. Eu tenho dinheiro para comprar isso?

____

____

4. Esta é a melhor hora para comprar isso?

____

____

Reflita sobre as seguintes questões:

1. Para onde está indo o dinheiro de maneira excessiva? Onde ele está sendo desperdiçado?

____

____

____

2. Quais controles financeiros eu poderia adotar para poder me organizar melhor? Eu sou a pessoa mais capacitada da família ou da empresa para cuidar disso? Quem poderia ajudar a fazer esse controle?

____

____

____

3. Como posso fazer para aumentar o faturamento e os lucros da empresa? Quais produtos/serviços devo manter e quais devo tirar de linha, ou quais novos produtos posso adicionar?

____

____

____

____

4. Agora você pode anotar a previsão mensal de contas a pagar e a receber (fluxo de caixa) na primeira e, na segunda coluna, ao final do mês (demonstrativo do resultado do exercício — DRE), o que realmente foi realizado. Depois disso, pode fazer uma análise comparativa entre a previsão e o que foi realizado, para ver que medidas podem ser tomadas para ter mais entrada do que saída.

____

____

CONTROLE FINANCEIRO BÁSICO

FLUXO DE CAIXA PREVISTO	DRE REALIZADO
1. ENTRADA	
1.1 Contas a receber	
1.2 Outros recebimentos	
TOTAL DE ENTRADA	
2. SAÍDA	
2.1 Fornecedores	
2.2 Folha de pagamento + encargos	
2.3 Retiradas sócios	
2.4 Impostos sobre vendas	
2.5 Aluguéis	
2.6 Energia elétrica	
2.7 Telefone	
2.8 Contabilidade	
2.9 Combustíveis	
2.10 Veículos: combustível + manutenção	
2.11 Manutenção de fábrica	
2.12 Despesas financeiras/diversas	
2.13 Verbas para rescisão	
2.14 Financiamento de equipamentos	
2.15 Outros pagamentos	
TOTAL DE SAÍDA	
1. – 2. = SALDO FINAL	

FERRAMENTA 7:
PLANEJAMENTO 360º

Não há como começarmos a falar em planejamento se não iniciarmos uma boa organização para o nosso tempo. Neste livro, falamos de tantas estratégias para aproveitar melhor o tempo; se não as colocarmos em prática, literalmente perderemos tempo.

Parte 1: cuidando do tempo e ficando mais produtivo

1. Escreva três hábitos novos que você vai adotar para ter mais disposição (espiritual, mental e fisicamente).

____

____

____

____

____

____

____

____

2. Escreva no mínimo três ladrões de tempo que você irá "prender" para que possa ser uma pessoa mais focada e produtiva.

____

____

____

____

____

____

____

3. Quais atividades você pode delegar para que lhe sobre mais tempo?

____

____

____

____

____

4. Quais ferramentas ou técnicas você irá usar para ter mais produtividade e otimizar o seu tempo? Exemplo: automatizar alguma tarefa.

____

____

____

____

____

Parte 2: analisar onde estamos

O objetivo aqui é, antes de iniciar o planejamento das ações futuras, colocarmos o "pé no chão" e olharmos onde estamos. Qual é o nosso ponto de partida.

Vamos começar fazendo uma análise de como estamos em cada uma das áreas da empresa ou do negócio. Comece listando os pontos fortes e os a serem melhorados. Se quiser, volte às suas anotações feitas na Ferramenta 1.

Sob seu ponto de vista, atribua uma nota de 1 a 5 para como está a sua empresa nas quatro áreas a seguir. Considere 1 e 2 para ruim, 3 para regular, 4 para boa e 5 para ótima. Logo, pontos fortes: notas 4 e 5; pontos fracos: notas 1 e 2.

1. Comercial e marketing	Nota de 1 a 5
1.1 Imagem da empresa	
1.2 Estratégias de vendas	
1.3 Atendimento e relacionamento com o cliente	
1.4 Publicidade e propaganda	
1.5 Competitividade (financeira) dos produtos no mercado	
1.6 Posicionamento no mercado	
1.7 Outros (citar):	
2. Gestão de pessoas	**Nota de 1 a 5**
2.1 Estilo de liderança	
2.2 Habilidades de dar feedbacks	
2.3 Comunicação e empatia	
2.4 Alegria e felicidade no ambiente de trabalho	
2.5 Trabalho em equipe e colaboração	
2.6 Gestão de conflitos	
2.7 Valorização e reconhecimento dos colaboradores	
2.8 Relacionamento com os fornecedores	
2.9 Outros (citar):	
3. Produção e operações (rotinas e processos)	**Nota de 1 a 5**
3.1 Conhecimento dos processos e rotina pelos colaboradores	
3.2 Fluxo e organização dos processos	
3.3 Criatividade e inovação nos processos	
3.4 Controles de produção e de estoques	
3.5 Outros (citar):	
4. Planejamento e finanças	**Nota de 1 a 5**
4.1 Gestão e aproveitamento do tempo	
4.2 Envolvimento das pessoas no planejamento	
4.3 Definição da missão, visão, objetivos e metas	
4.4 Fluxo de caixa	
4.5 Controles financeiros	
4.6 Outros (citar):	

Com base na pontuação acima (notas 4 e 5), liste os cinco pontos fortes da sua empresa.

1. ____

____

____

2. ____

____

____

3. ____

____

____

4. ____

____

____

5. ____

____

____

Com base na pontuação acima (notas 1 e 2), liste os cinco pontos fracos da sua empresa.

1. ____

____

2. ____

____

3. ____

____

4. ____

____

5. ____

____

Parte 3: traçar planos de ações de melhorias

Esta etapa pode ser feita junto com a equipe. Pode ser idealizado um plano de ação para cada um dos problemas diagnosticados como pontos fracos ou a melhorar (notas 1 e 2) que necessitam de aprimoramento ou de solução. Para isso, sugerimos usar o instrumento 5W2H para construção desses planos de ação.

5W	**What? (O que fazer?)**
	Who? (Quem vai fazer?)
	Why (Por que fazer?)
	When? (Quando será feito? — cronograma)
	Where? (Onde fazer?)
2H	**How? (Como fazer?)**
	How much? (Quanto vai custar?)

Lembre-se de que é importante saber valorizar as ideias de cada membro da sua equipe e de dar *feedbacks* assertivos. Combine com a equipe que todas as sugestões serão bem-vindas e que devem ser acolhidas por todos.

> *"Sigam finalmente os termos desta aliança, para que vocês prosperem em tudo o que fizerem."*
>
> Deuteronômio 29:9

PALAVRAS FINAIS

Neste livro, abordamos conteúdos relacionados às capacidades téc-nicas e comportamentais, pois nada adianta dominar só conhecimentos teóricos e não saber trabalhar a nossa inteligência emocional e espiritual. Afinal, somos espírito, mente e corpo. É preciso buscar o equilíbrio entre os três.

Apresentamos um panorama de como é possível ter empresas felizes e prósperas; agora, está na hora de você construir a sua trilha de sucesso, uma vez que a mudança começa quando damos o primeiro passo.

Nosso desejo sincero é que, com os tópicos aprendidos durante esta leitura, você possa colocá-los em prática, a fim de que contribuam para o aumento do seu desempenho pessoal e profissional com mais felicidade e prosperidade.

Agora, dê uma olhada para sua empresa ou negócio e perceba quantos recursos valiosos você possui e que podem ser reaproveitados.

Caso não tenha feito os exercícios, volte e os faça! Não haverá mudanças se não colocar em prática o que aprendeu.

Desejamos que os conteúdos aprendidos sejam colocados em sua rotina e que contribuam para aumentar o seu desempenho pessoal e profissional. Com isso, ao aplicar os ensinamentos e experiências vivenciadas, você poderá ter uma empresa ou um negócio próspero, crescendo com os artifícios que você já possui.

A partir daqui, caso você deseje, pode revisar cada um dos exercícios, analisar a realidade da sua empresa e fazer os ajustes necessários. Esperamos que este material tenha atendido às suas expectativas e que, com ele, possa realizar os seus sonhos e atingir os objetivos e metas desejadas em sua vida pessoal e empresarial.

Se gostou desse conteúdo, siga-nos nas redes sociais; nelas, constantemente estamos ensinando mais técnicas para ajudar na sua jornada empreendedora. Estaremos à disposição para receber seu *feedback* sincero. Assim, você contribuirá para que possamos auxiliar mais pessoas nesta nossa caminhada.

Saúde, felicidade, prosperidade e suce$$o!

Ana Maria Olivo e Luiz Boschilia

E-mail:
anamaria.olivogm@gmail.com
Instagram:
https://www.instagram.com/anamaria.olivo/
Facebook:
https://www.facebook.com/profile.php?id=100063540738798
Youtube:
https://www.youtube.com/channel/UC2zul4RujVKYnOhsNXGbzWw

E-mail:
luizboschilia@gmail.com

REFERÊNCIAS BIBLIOGRÁFICAS

A LEI QUE EXPLICA POR QUE DESPERDIÇAMOS TEMPO. BBC News Brasil. 29 de setembro de 2020. Disponível em: <https://www.bbc.com/portuguese/geral-52927553>. Acesso em 15/10/2022.

ACHOR, Shawn et al. *O jeito Harward de ser feliz*. Saraiva Educação SA, 2017.

BÍBLIA. Português. Bíblia on-line. Versão ACF. Disponível em: <https://www.bibliaonline.com.br/acf> Acesso em: 25/9/2022.

BÍBLIA. Português. Bíblia on-line. Versão JFA. Disponível em: https://bibliajfa.com.br/. Acesso em 15/10/2022.

BÍBLIA. Português. Bíblia on-line. Versão NVI. Disponível em: https://www.bibliaonline.com.br/nvi Acesso em: 25/9/2022.

BÍBLIA. Português. Bíblia on-line. Versão NVT. Disponível em: https://www.bibliaonline.com.br/nvt. Acesso em 15/10/2022.

BOSCHILIA, L.; OLIVO, Ana Maria. *Relações Interpessoais no Trabalho e no Lar*. 1ª ed. Joinville/SC: Editora Dialogar, 2014. v. 1.

CHAPMAN, Gary. *As cinco linguagens do amor*. São Paulo: Mundo Cristão, 1997.

CLASON, George S. *O homem mais rico da Babilônia*. Ediouro, 1997.

COBRA, Marcos; RIBEIRO, Áurea. *Marketing: magia e sedução*. Editora Cobra, 2000.

COLABORADORES FELIZES SÃO MAIS PRODUTIVOS E VENDEM MAIS. Jornal Estadão. 5 de outubro de 2017. Disponível em: https://economia.estadao.com.br/noticias/seu-dinheiro,colaboradores-felizes-sao-mais-produtivos-e-vendem-mais-diz-estudo,70002028006. Acesso em: 15/10/2022.

CORTELLA, Mário Sergio. *Pensar bem nos faz bem: família, carreira, convivência e ética*. Petrópolis: Vozes; São Paulo: Ferraz & Cortella, 2013.

DEÂNDHELA, Tathiane. *Faça o tempo trabalhar para você: e alcance resultados extraordinários*. Literare Books International, 2016.

DOWLING, Colette. *Complexo de Cinderela*. Tradução de Amarylis Eugênia F. Miazzi. São Paulo: Círculo do Livro, 1981.

DRUCKER, Peter. *Melhor de Peter Drucker: homem, sociedade, administração*. NBL Editora, 2002.

DRUCKER, Peter. *The effective manager*. Organization, v. 1, p. 2, 1966.

FERNANDES, Márcio. *Felicidade dá lucro: Lições de um dos líderes empresariais mais admirados do Brasil*. São Paulo: Grupo Companhia das Letras, 2019.

FERNANDES, Márcio. *Filosofia de gestão: cultura e estratégia com as pessoas*. Editora Portfolio-Penguin, 2019.

FERNANDES, Márcio. *O fim do círculo vicioso: como a filosofia de gestão vence a crise e o pessimismo*. São Paulo: Grupo Companhia das Letras, 2017.

FERRISS, Timothy. *Trabalhe 4 horas por semana*. Editora Planeta do Brasil, 2016.

FORBES, Jorge. Felicidade não é bem que se mereça. Disponível em: http://jorgeforbes.com.br/artigos/. Disponível em: 15/10/2022.

HAWKINS, D. R. *The map of consciousness explained: a proven energy scale to actualize your ultimate potential*. 1ª ed. Londres, Inglaterra, 2020. 78 p.

HIRSCH, Joe. *The feedback fix: dump the past, embrace the future, and lead the way to change*. Rowman & Littlefield, 2017.

KELLER, Gary; PAPASAN, Jay. *A única coisa: o foco pode trazer resultados extraordinários para sua vida*. Editora Novo Século, 2014.

KOTLER, Philip; KELLER, Kevin Lane. *Administração de marketing*. Tradução de Sonia Midori Yamamoto; revisão técnica de Edson Crescitelli. 14ª ed. São Paulo: Pearson Education do Brasil, 2012.

MARTINS, Carlos Wizard. *Desperte o milionário que há em você*. Buzz Editora LTDA, 2018.

MASLOW, A. H. *A Theory of Human Motivation*. 1943. Disponível http://psychclassics.yorku.ca/Maslow/motivation.htm. Acesso em 14/10/2022.

MOREIRA, Isis. *Acorda! Sonhar não basta! Como descobrir o seu melhor, usá-lo para criar o seu negócio ideal e ter uma vida extraordinária*. Editora Gente, 2018.

OLIVO, Ana Maria; BOSCHILIA, L. *Contabilidade geral e gerencial: conceitos introdutórios para os cursos superiores de tecnologia*. Florianópolis: IF-SC, 2012.

OLIVO, Ana Maria; BOSCHILIA, Luiz; SCHWEDE, Marcos Aurélio. *Planejamento organizacional: aplicação do balanced scorecard no reconhecimento de cursos superiores do IFSC*. 1ª ed. Publicações do IF-SC, 2015.

PARO, Pedro; CAETANO, Rodrigo; GEROLAMO, Mateus. Relatório da Pesquisa das Empresas Humanizadas do Brasil. 2019. Disponível em: https://inspirar.humanizadas.com/relatorio-1-edicao. Acesso em: 14 outubro 2022.

SCHWAB, Klaus. *A quarta revolução industrial*. Edipro, 2019.

SINEK, Simon. *Comece pelo porquê*. Rio de Janeiro. Sextante, 2018.

SINEK, Simon. *Líderes se servem por último: como construir equipes seguras e confiantes*. Editora Alta Books, 2019.

SISODIA, Raj; GELB, Michael J. *Empresas que curam: despertando a consciência dos negócios para ajudar a salvar o mundo*. Editora Alta Books, 2020.

TAYLOR, Frederick Winslow. *Scientific management*. Routledge, 2004.

THEML, Gerônimo. *Produtividade para quem quer tempo*: aprenda a produzir mais sem ter que trabalhar mais. São Paulo: Editora Gente, 2016.

TOLLE, Eckhart. *O poder do agora: um guia para a iluminação espiritual*. Sextante, 2010.

ÍNDICE

SÍMBOLOS

5W2H, ferramenta, 105

80/20, regra, 116

A

Abraham Maslow, 18

administração participativa, 62

afetividade, 20, 62

Andrew Oswald, 25

ansiedade, 40, 114

A Única Coisa, livro, 117

Áurea Ribeiro, 71

autoconfiança, 57

autoconhecimento, 39

B

balanço patrimonial, 97

C

capitalismo, 13

Carlos Wizard, 85

Caroline Calaça, 73

Círculo Dourado, 76

Claudio Tosta, 23

comportamentos, 34

comunicação, 63

contabilidade, 92

Container Store, 33

controle financeiro, 95

conveniência, 74

coragem, 23

credibilidade, 80

crenças, 37, 40

culpa, 88

cultura organizacional, 33

custos, 95

Cyril Northcote Parkinson, 116

D

David Ramon
Hawkins, 88

demonstrativo de resultados do exercício (DRE), 96
desempenho, 74
Desperte o Milionário que Há em Você, livro, 85
dinheiro, 85, 91
Disney, 33

E

Eckhart Tolle, 41, 42
economizar, 87
educação, 11
efetividade, 62
emoções, 34
empreender, 57
empresa
  missão da, 33
empresas
  adaptação nas, 25
  alma das, 15, 30
  efetividade nas, 20
  e inteligência emocional, 34
  felicidade nas, 18
  propósito das, 30
Empresas que Curam, livro, 30
engajamento dos colaboradores, 65
erros no trabalho, 56
escolaridade, 3
escolhas inconscientes ou intuitivas, 77
escutatória, 63
esperança, 39
espiritualidade, 3, 115
estratégia
  definição, 104
exclusividade, 74

F

faturamento, 89
fé, 15, 103
feedbacks, 62
felicidade, 19
  custo da, 60
  definição, 23
  e produtividade, 25
Felicidade Dá Lucro, livro, 20
FIB (Felicidade Interna Bruta), 24
fidelidade, 55
finanças, 94

G

Gary Keller, 117
George S. Clason, 86
Geronimo Theml, 108
gestão financeira, 96
Google, 33, 105
gratidão, 14, 40
  exercício de, 41

H

home office, 10

honestidade, 39

humildade, 62

I

inércia, princípio da, 116

inteligência emocional, 3, 22, 49, 80

interesses, troca de, 22

Isaac Newton, 116

J

Jay Papasan, 117

Jennifer J. Laabs, 54

Jesus Cristo, 55

Jim Brown, 31

Joe Hirsch, 64

Jorge Forbes, 23

julgamento, 63

K

Klaus Schwab, 11

L

Leandro Karnal, 23

Lei de Parkinson, 115

liderança, 55

liquidez, 95

Lúcia Helena Galvão, 107

lucro, 89

M

Márcio Fernandes, 20, 56

Marcos Cobra, 71

margem de contribuição, 97

marketing, 71

  direcionamento de, 72

  manipulações no, 76

Marketing: Magia e Sedução, livro, 71

Martin Luther King, 54

meditação, 14, 35

Michael J. Gelb, 30

motivação, 22

N

negociações, 77

novidade, 74

novo normal, 10

O

obediência, 66

O Boticário, 33

O Homem Mais Rico da Babilônia, livro, 86

O Jeito Harvard de Ser Feliz, livro, 60

O Poder do Agora, livro, 41

oração, 35

ordem social, 10

P

pandemia, 9
Pareto, princípio de, 116
Paulo Oliveira, 30
Pedro Paro, 24
perdão, 44
Pesquisa Empresas Humanizadas do Brasil, 24
Peter Drucker, 16
Philip Kotler, 71
planejamento, 59, 102
posicionamento de marca, 71
procrastinação, 55
produtividade, 25, 106, 108
  hábitos para, 114
  ladrões de, 118
  pecados da, 113
Produtividade para Quem Quer Tempo, livro, 108
propósito, 13, 21, 77
  corporativo, 30
propostas de valor, 74
prosperidade, 85
protagonismo, 46

Q

Quarta Revolução Industrial, 11

R

Raj Sisodia, 29
recessão financeira, 93
recrutamento, 25
regime de caixa, 96
regime de competência, 96
relacionamentos, 48, 62
rendimentos, 89, 93
rentabilidade, 95
resiliência, 13

S

Shawn Achor, 60
Simon Sinek, 21, 56, 76
Sonja Lyubomirsky, 25
sucesso, 19, 49
  construção do, 117

T

Tathi Deândhela, 118
teletrabalho, 11
tempo, otimização do, 110
The Feedback Fix, livro, 64
turnover, 25

V

vendas, 78, 80
vergonha, 77

Z

zona de conforto, 115